2. Auflage, 2013

Veröffentlicht im Synergia Verlag,

Erbacher Straße 107, 64287 Darmstadt,

www.synergia-verlag.de

Alle Rechte vorbehalten

Copyright 2012 by Synergia Verlag, Darmstadt

Fotos: Daria Höfler-Lai, Albrecht Haag und andere

Illustrationen: Martina Hillemann

Umschlaggestaltung, Gestaltung und Satz: Lukas Laffter, FontFront.com, Darmstadt

Printed in EU

Webseite: www.saisongarten.org

ISBN: 978-3-939272-63-2

Marianne Kissel-Lesser, Werner Lesser, Dorothee und Klaus North

DAS SAISONGARTEN-KOCHBUCH

Inhaltsverzeichnis

Vorwort der Herausgeber

„Was kann ich Leckeres mit Pastinaken zubereiten"? Oder: „wie machen wir die vielen Zucchini haltbar? Hast Du ein schnelles Rezept mit Mairübchen?"

... diese und viele weitere Fragen zur Verarbeitung der selbst angebauten Produkte regten uns an, ein Kochbuch als Gemeinschaftswerk der Saisongärtner entstehen zu lassen. Es ist das Ergebnis der Zusammenarbeit von vielen Menschen, die auf dem Oberfeld in Darmstadt für eine Saison einen Garten gepachtet haben. Die tolle Idee des Saisongartens hat uns dazu inspiriert, die eigenen Koch-Erfahrungen aufzuschreiben. Und dann viele Menschen in diesen Erfahrungsaustausch mit einzubeziehen.

Dieses Kochbuch soll allen Menschen, die gerne Gerichte mit frischem Gemüse essen, vielfältige Anregungen zum Kochen, Haltbarmachen und Genießen geben. Auch Vegetarier und Veganer kommen dabei auf ihre Kosten. Am meisten können davon natürlich diejenigen profitieren, die die Möglichkeit haben, selbst biologisch zu gärtnern.

Mehr als 30 verschiedene Gemüse einer Saison wollen in der Küche verarbeitet werden. In Zeiten, in denen Fertig- und Tiefkühlgerichte, Kantinenessen und Fast-Food den Ton angeben, gibt dieses Kochbuch viele Anregungen für einfache, schmackhafte und gesunde Zubereitungsarten.

Die Hauptrolle spielt dabei das frisch geerntete Gemüse. Wir haben Gerichte für alle Geschmacksrichtungen, aus den unterschiedlichsten Regionen und verschiedenen Herkunftsländern ausgesucht, probegekocht und natürlich mit Genuss verspeist. Auch für unsere Desserts und Kuchen haben wir überwiegend Saisongarten-Gemüse verwendet. Bei Koch-Events im Saisongarten haben sich alle beteiligten Gärtnerinnen und Gärtner getroffen, ihre selbst zubereiteten Gerichte mitgebracht und gemeinsam verkostet.

Eine durchdachte Gliederung der Arbeitsschritte erleichtert das Nachkochen. Raum für eigene Kreativität wird durch die Angabe von Varianten gegeben. Rezepte ohne Autorenhinweis stammen aus der Rezeptsammlung der Herausgeber.

Als professionelle Fotografen waren Daria Höfler-Lai und Albrecht Haag an der Entstehung des Kochbuchs beteiligt. Wichtig war uns, dass bei den Fotos die echten Speisen an realen Orten mit natürlichem Licht aufgenommen wurden. Und natürlich der Saisongarten in seinen vielen Perspektiven abgebildet wird. Auch die Herausgeber sowie andere Gärtnerinnen und Gärtner haben Fotos beigesteuert.

Die Illustrationen von Martina Hillemann zeigen bei jedem Rezept, welche Gemüseart hier hauptsächlich Verwendung findet. Mit diesen „Lesezeichen", wird schon beim schnellen Durchblättern des Kochbuchs deutlich, wo ein Rezept zu dem Gemüse zu finden ist. Die Jahreszeiten sind durch farbliche Gestaltung der Rezepte gekennzeichnet.
Annette Wannemacher-Saals Interviews mit Saisongärtnern zeigen deren Motivation für biologisches Gärtnern. Sie lassen miterleben, was in einer Ernte-Saison so alles auf dem Feld passiert.

Dieses Kochbuch wäre aber unvollständig, wenn es nicht Einblicke in das vielfältige Geschehen auf dem Hofgut Oberfeld in Darmstadt geben würde. Hier wird Demeter- Landwirtschaft mit dem Anbau von Getreide und Gemüse betrieben. Es werden Rinder, Hühner und Gänse gehalten, in der Holzofenbäckerei wird handwerklich Brot gebacken.

Die selbst erzeugten und andere Bio-Produkte werden im Hofladen und Café mit viel Begeisterung verkauft. Für behinderte Menschen bietet das Haus Lebensweg Wohnung und sinnvolle Beschäftigung. Der Lernort Oberfeld vermittelt Kindern, wie ökologische Landwirtschaft funktioniert. Und die Saisongärtnerinnen und Gärtner haben die Möglichkeit, an vielen dieser Aktivitäten teilzuhaben.

Alle an diesem Buch Beteiligten haben auf eine Honorierung ihrer Beiträge verzichtet. Der Erlös dieses Kochbuchs kommt der Hofgut Oberfeld Landwirtschaft AG zu Gute.

Die Unterstützung dieses Projektes dient damit auch dem Ziel der Erhaltung eines Stücks stadtnahen Natur-, Kultur- und Lebensraums. Unser Dank gilt allen, die zum Gelingen dieses schönen Buch-Projektes beigetragen haben.

Freude am guten Essen, Spaß an der Verarbeitung von frischem Bio-Gemüse, Interesse am Gärtnern, Bereitschaft für Neues, Besinnung auf Altes und Bewährtes, wer sich dafür begeistern kann, wird in unserem Saisongarten-Kochbuch Anregungen dazu finden.

Viel Spaß beim Lesen, Kochen und Genießen wünschen

Marianne Kissel-Lesser und Werner Lesser, Dorothee und Klaus North

Erläuterungen zur Verwendung des Kochbuchs

Unsere Rezepte sind nach Art der Gerichte eingeteilt. Innerhalb dieser Einteilungen sind sie nach den Jahreszeiten geordnet.

Der Frühling ist die Saison, in der die ersten Gartenfrüchte geerntet und gekocht werden. Jeder genießt jetzt die frischen Kräuter und die ersten Gemüse.

Im Sommer sind schon die meisten Gemüse reif. Die ausgewählten Speisen orientieren sich auch an den klimatischen Vorzügen dieser Jahreszeit und den langen Abenden, an denen leichte Gerichte besonders gut schmecken.

Der Herbst bietet einen ersten Vorgeschmack auf die kältere Jahreszeit. Zu ernten gibt es jetzt sehr viel, das Einkellern beginnt. Gekocht wird jetzt gerne etwas deftiger, warme Suppen und Aufläufe sind angesagt.

Im Winter gibt der Garten direkt nur noch wenig her. Spätestens im Dezember ist die Saisongarten-Saison zu Ende. Jetzt werden die Gemüse gekocht, die als Vorräte im Sommer und Herbst gelagert und konserviert wurden. Die Speisen, die uns in der dunklen Jahreszeit genügend Energie bereitstellen, werden jetzt zubereitet.

Die Rezepte sind für 4 Personen ausgelegt. Die entsprechenden Mengen sind Durchschnittswerte. Menschen mit höherem oder niedrigerem Nahrungsbedarf sollten da Zu- oder Abschläge machen. Bei den Vorspeisen ist zu beachten, dass wir davon ausgehen, dass zusätzlich eine Hauptspeise oder ein Nachtisch gegessen wird. Will man eine Vorspeise als Hauptspeise kochen, sollte man die Mengen erhöhen.

Frische Gemüse haben unterschiedliche Reifegrade, Feuchtigkeit und Größe. Daher können Abweichungen bei den angegebenen Koch- und Backzeiten auftreten.

Bei vielen Rezepten haben wir Varianten angegeben. Diese beziehen sich auf andere Gemüsearten (z. B. Spinat anstelle von Mangold verwenden) sowie auf Zubereitungen ohne Fleisch oder ohne alkoholische Zutaten.

Bei Gerichten aus dem Backofen haben wir meistens mit Ober-/Unterhitze gebacken. Wenn mit Umluft gebacken wurde, ist es im Rezept vermerkt.

Bei Kuchen, Quiches und Tartes können 12 Stücke geschnitten werden.

Folgende Abkürzungen haben wir verwendet:

g	Gramm
kg	Kilogramm
ml	Milliliter
l	Liter
TL	Teelöffel
EL	Esslöffel
Pk	Packung
Msp	Messerspitze

Unsere Gemüse-Lesezeichen auf der nächsten Seite erleichtern die Suche. Bei jedem Rezept sind die wichtigsten Gemüse als Icon dargestellt.

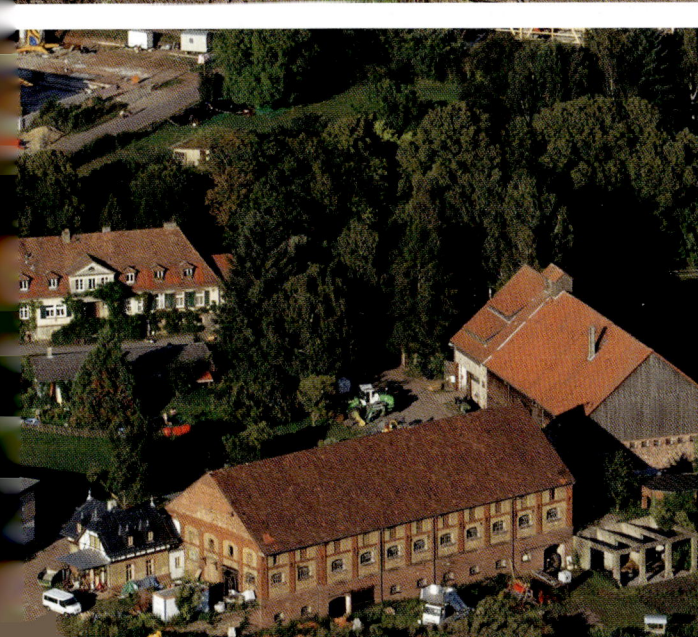

Gemüse-Lesezeichen im Kochbuch

Aubergine   Kartoffel

Bohnen   Kohlrabi

Brokkoli   Kürbis

Feldsalat    Lauch

Fenchel   Mairübchen

Gemüsemix    Mais

Gewürze (Kräuter)    Mangold

Gurke    Paprika

Karotte    Pastinake

Petersilie
(Petersilienwurzel)

Radieschen

Rettich

Role Bele

Rotkohl

Rucola

Salat

Schwarzwurzel

Sellerie

Tomate

Weißkohl

Wirsing

Zucchini

Zuckererbsen

Zwiebel

Der Saisongarten auf dem Oberfeld

Im Saisongarten auf dem Oberfeld in Darmstadt bereitet der Landwirt Jens Müller Cuendet den Boden für die Pflanzung vor, pflügt, düngt, sät und pflanzt 20 verschiedene Feldfrüchte mit dem Einsatz üblicher landwirtschaftlicher Technik.

Er hält die Demeter-Richtlinien für den biologisch-dynamischen Landbau ein. Das bedeutet z. B., dass mit Fruchtfolge und Gründüngung für die Fruchtbarkeit der Felder gesorgt wird. Auf chemisch-synthetische Dünge- und Pflanzenschutzmittel wird komplett verzichtet. Alle Samen und Jungpflanzen kommen aus Bio-Anbau, sie werden so angeordnet, dass Schädlingen und Krankheiten vorgebeugt wird. Das so vorbereitete große Feld teilt er in kleine Parzellen von 70 m² ein.

Die Saisongärtnerinnen und Saisongärtner pachten eine dieser Parzellen für eine Saison. Sie können auf einer darauf frei gehaltenen Fläche zusätzlich eigene Pflanzen anziehen und sind ab Mai für das Gießen, Unkraut jäten, Hacken und Ernten in ihren Gärten verantwortlich. Gießwasser liefert ein eigener Brunnen, Gartengeräte werden in einer Gartenhütte bereitgestellt. Fachlichen Rat gibt Jens Müller Cuendet in seiner wöchentlichen Sprechstunde im Saisongarten. Die Saison endet im Dezember, wenn die letzten Gemüsepflanzen geerntet werden können.

Charakteristisch für den Saisongarten ist die große Zahl unterschiedlicher Gemüse und Kräuter, die geerntet werden können. Bis zu 40 Arten und Sorten können neben- und nacheinander wachsen, mehr als 200 kg Bio-Gemüse können in einer Saison erfahrungsgemäß geerntet werden.

Die Idee stammt ursprünglich aus Österreich und wird dort seit Ende der 80er Jahre praktiziert. In Deutschland wurde im Jahr 1999 mit den ersten zwei GemüseSelbstErnte-Projekten auf der Staatsdomäne Frankenhausen der Uni Kassel und im Grüngürtel von München begonnen. Die Münchner „Krautgärten" sind damals mit 13 Parzellen gestartet. Heute wird dort an 17 Standorten auf 1115 Parzellen gegärtnert.

In vielen Regionen Deutschlands wurde das Konzept mit großem Erfolg übernommen. Es läuft z. B. unter den Namen „Erntezeit" in Hamburg, „Bauerngärten" in Berlin, „Gartenglück" im Raum Köln, „Meine Ernte" in Frankfurt, Wiesbaden und weiteren Städten. Das Handelshaus tegut unterstützt seit 2009 diese gute Idee mit der Initiative „tegut...Saisongarten".

Die Saisongärten auf dem Oberfeld in Darmstadt wurden 2010 in Kooperation mit tegut erstmalig bepflanzt. Die 50 grünen Parzellen dort haben sich mittlerweile verdreifacht, bei weiter wachsendem Interesse an dieser Art des Ackerbaus.

Der enge Kontakt zur Natur am Rande der Großstadt, die vielen netten Mitgärtnerinnen und Mitgärtner, die man dort kennenlernt, die Ruhe und Erholung, die das Gärtnern dem gestressten Städter bietet und natürlich die leckeren Gerichte, die aus den frisch geernteten, biologisch angebauten Kräutern und Gemüsen gekocht werden, sind nur einige der vielen Gründe, warum die Begeisterung für das Saisongärtnern überall wächst.

Winter

Sommer

Frühling

Herbst

Schnell und Einfach

Kräuterpesto

1 kleiner Strauß Rucola	Kräuter waschen, trocken klopfen.
50 g Sonnenblumenkerne	auf schwacher Flamme leicht anrösten und abkühlen lassen.
1 Knoblauchzehe	schälen, zerquetschen und zusammen mit
1 kleinen Zwiebel, gewürfelt	in
etwas Olivenöl	andünsten.
2 EL Olivenöl	zugeben.
2 EL Wasser	zugeben. Mit
Salz und Pfeffer	abschmecken

Fertigstellung
Alle Zutaten zusammen pürieren und abschmecken. Hält sich im Kühlschrank 3 - 4 Tage.

Bemerkungen
Die Menge ist ausreichend für 500 g Nudeln.

Varianten
Das Kräuterpesto kann je nach Jahreszeit und Ernte auch mit Bärlauch oder Basilikum hergestellt werden. Schmeckt alles lecker.

Jutta Ungemach

Rührei mit Erbsen und Roquefort

Vorbereitung	
8 Eier	verquirlen und
0,1 l Schlagsahne	unterrühren. Mit
Salz und Pfeffer	abschmecken.

Erbsen und Roquefort	
450 g Erbsen	aus den Schoten lösen und in
20 g Butter	andünsten.
0,1 l Wasser	dazugießen und so lange köcheln, bis das Wasser aufgesogen ist und die Erbsen weich sind. Mit

Salz und Pfeffer	abschmecken, Erbsen aus der Pfanne nehmen.
Wenig Butter	in einer Pfanne erhitzen,
50 - 100 g Roquefort	in der Pfanne verteilen und schmelzen lassen.

Fertigstellung
Eiermasse auf den geschmolzenen Roquefort geben, Erbsen unterheben und alles verrühren. Stocken lassen.

Bemerkungen
Mit grünem Salat servieren.

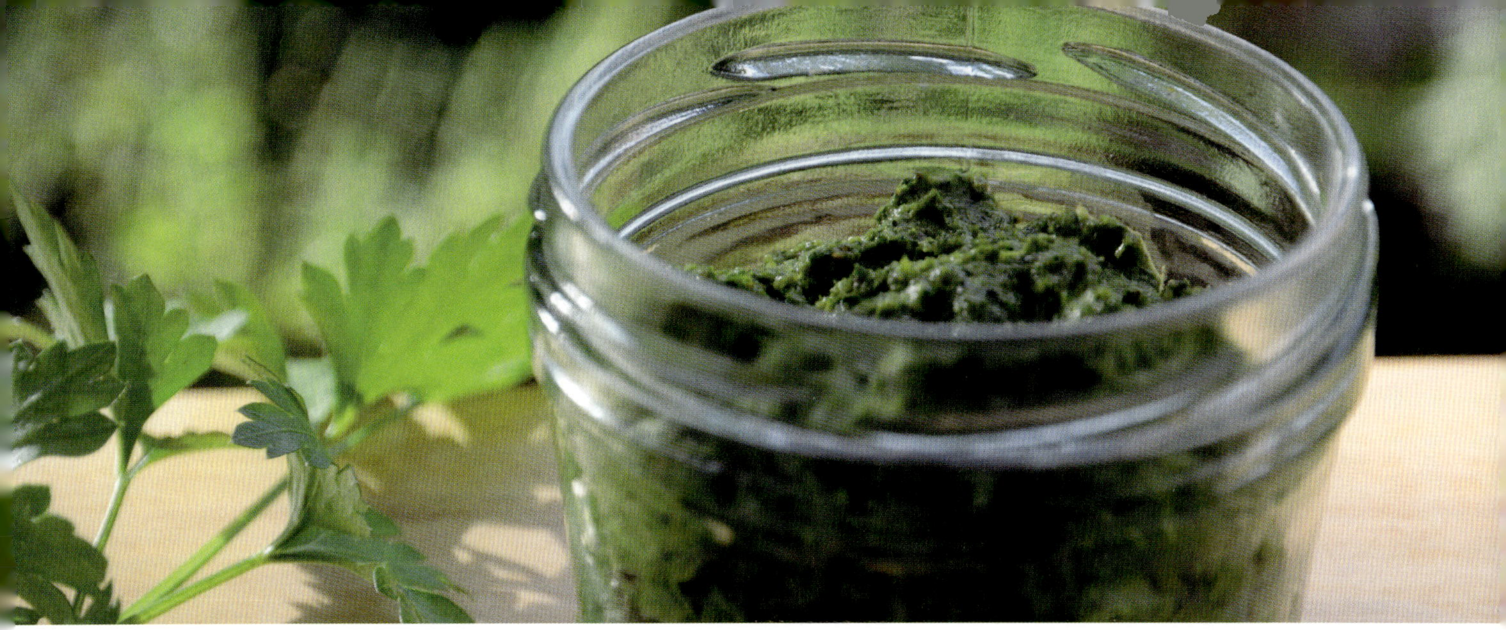

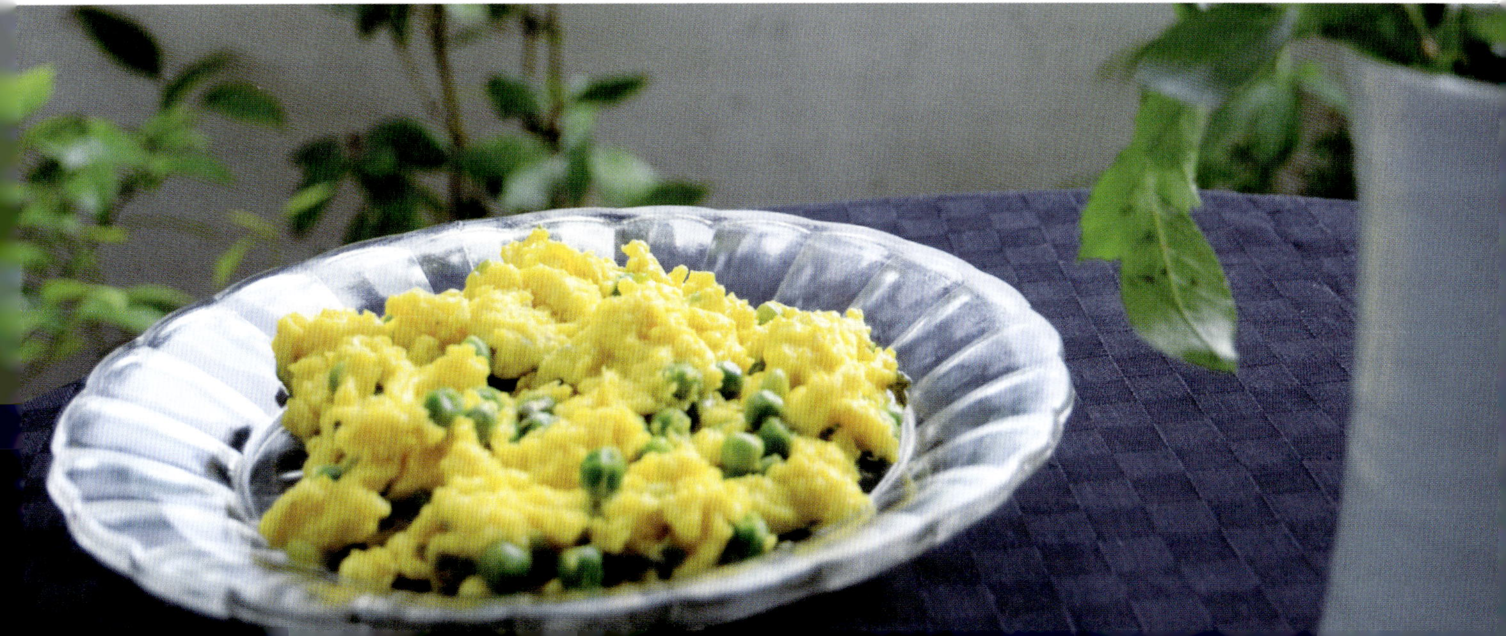

Ofenfenchel

2 Knollen Fenchel	waschen, Strunk herausschneiden, vierteln. Fenchelgrün für die Garnitur kleinschneiden und auf die Seite legen. Den Backofen auf 180 Grad Umluft (200 Grad Ober-/Unterhitze) vorheizen. Fenchelviertel in eine Auflaufform legen und
8 EL Olivenöl (1 EL pro Viertel)	über den Fenchel geben.
3 EL Semmelbrösel	und
100 g geriebenen Parmesan	über den Fenchel geben. Mit
etwas Salz	bestreuen. Alufolie über die Auflaufform spannen und ca. 20 - 30 Minuten in den Backofen geben. Auflaufform aus dem Ofen nehmen und mit Fenchelgrün dekorieren. Die Backzeit ist sehr stark abhängig von Alter und Größe des Fenchels. Bei großen, älteren Fenchelknollen ist sie wesentlich länger. Evtl. können die Fenchelknollen vorher ca. 5 - 10 Minuten gekocht werden.

Bemerkungen
Schmeckt lecker mit Baguette und einem frischen Salat vom Acker.

Irinia und Andreas Talmon-l'Armée

Gebratener Fenchel

4 kleine Knollen Fenchel	putzen und in dünne Scheiben hobeln. In
reichlich Olivenöl	von beiden Seiten anbraten bis die Fenchel-Scheiben weich sind.
½ Bio-Zitrone	auspressen. Fenchel-Scheiben mit Zitronensaft beträufeln.
Salz	über die Fenchel-Scheiben geben.
Rote Pfefferkörner	grob zerstoßen und ebenfalls über die Fenchel-Scheiben verteilen.

Bemerkungen
Schmeckt warm, lauwarm oder kalt als Vorspeise

Ariane Winterfeldt

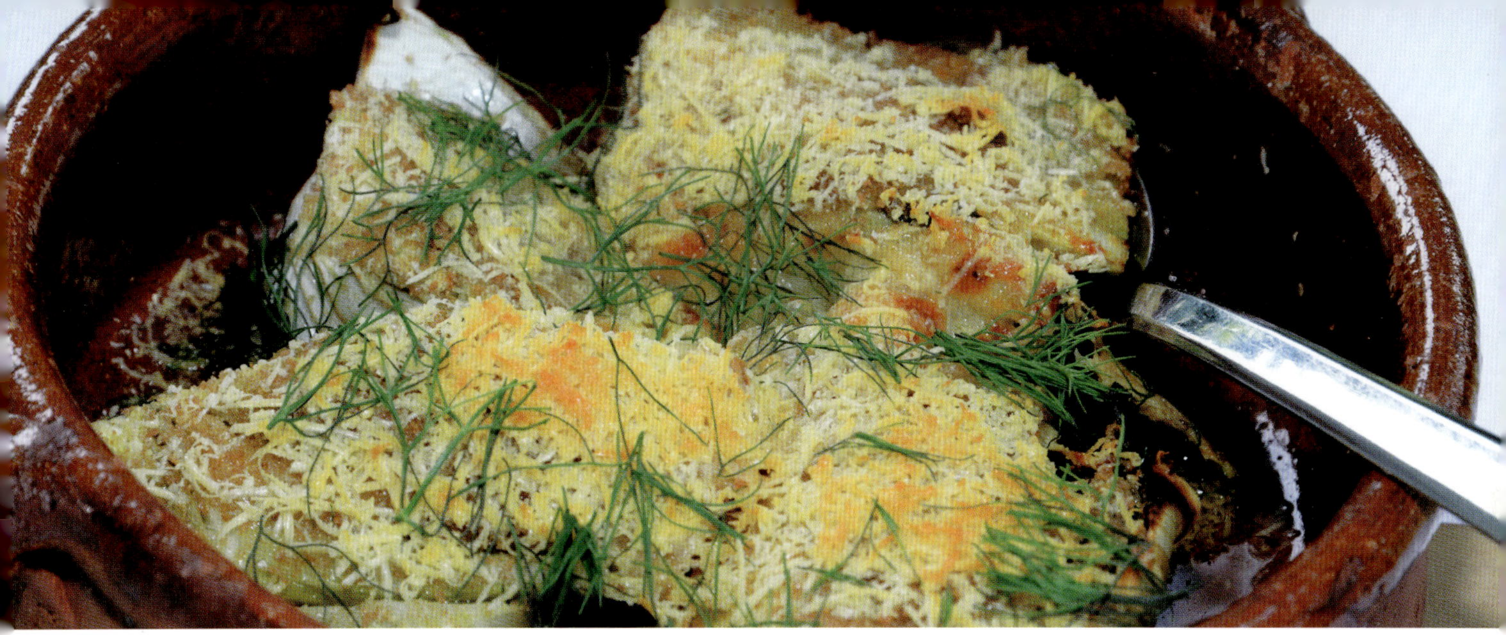

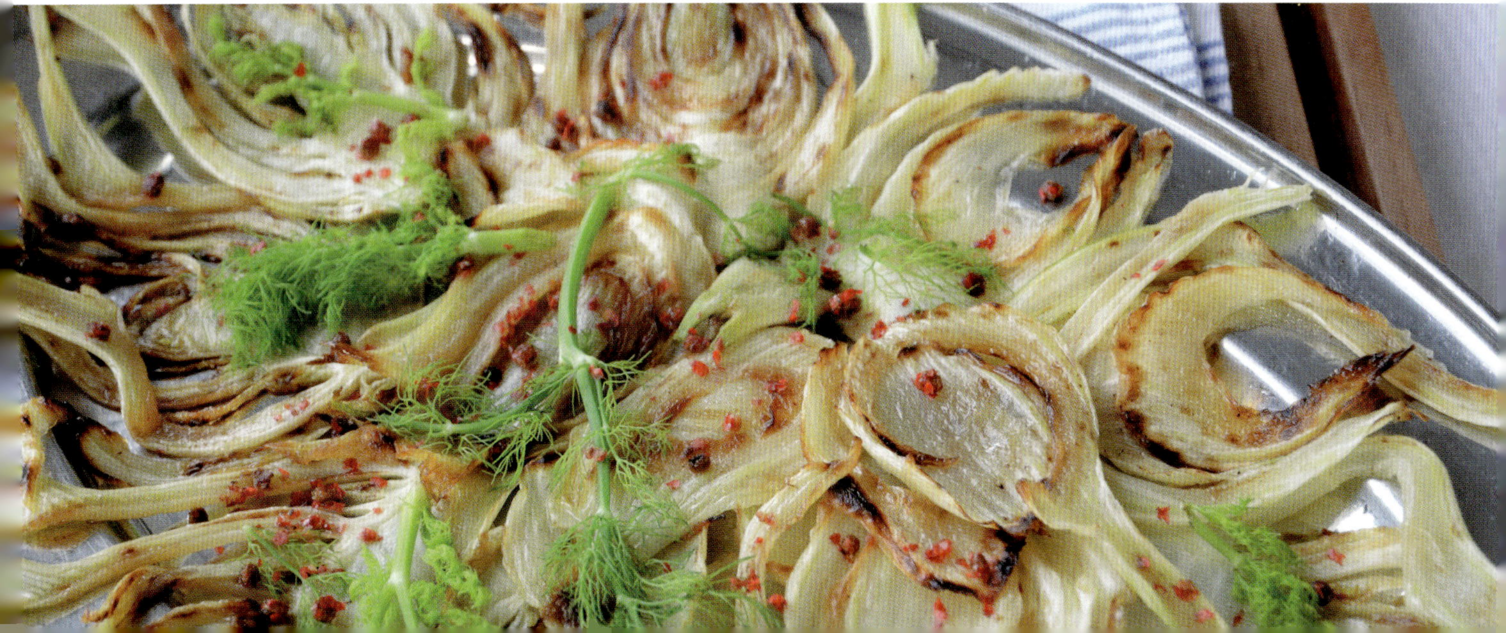

Kohlrabi-Carpaccio

1 Kohlrabi	putzen, schälen, dünn in Schreiben hobeln.
4 EL fruchtigen Essig (z.B. Apfelessig)	über die Kohlrabi-Scheiben träufeln.
50 g rohen Schinken	dünn aufgeschnitten auf die Kohlrabi verteilen.
Parmesan	nach Belieben über alles reiben. Mit
Minzeblättern	dekorieren.

Variante
Statt Essig kann auch Olivenöl genommen werden.

Schnelles Mangold-Gemüse

650 g Schnittmangold	waschen und in grobe Stücke schneiden, Stiele in ca. 3 cm lange Stücke schneiden und extra legen.
1 Zwiebel	schälen und kleinschneiden. In einer hohen Pfanne in
1 - 2 EL Öl	glasig anbraten. Mangoldstiele zugeben und ca. 2 Minuten mitdünsten.
300 ml Wasser	und Mangoldblätter in die Pfanne geben und mit
Salz, Pfeffer, Muskat	abschmecken. Bei geschlossenem Deckel ca. 7 Minuten dünsten.
4 EL Tomatenmark	unterrühren.
40 g Sonnenblumenkerne	über den Mangold verteilen.

Bemerkungen
Dazu schmeckt Reis.

Reicht als Hauptspeise mit Reis für 2 Personen, als Beilage z.B. zu gebratenem Lachs oder Hähnchenbrustfilet für 4 Personen.

Christiane und Sebastian Paatzsch

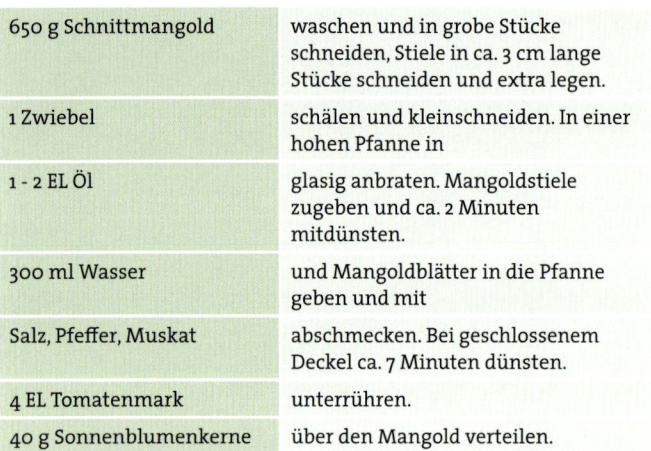

Zucchini süßsauer mit rotem Pfeffer

2 große Zucchini	waschen und in Scheiben schneiden.
1 Knoblauchzehe	kleinschneiden.
3 EL Olivenöl	in einer Pfanne erhitzen. Zunächst Knoblauch andünsten, dann Zucchini zugeben und ca. 10 Minuten bei mittlerer Hitze dünsten. Zucchini mit
(Kräuter-) Salz und Pfeffer	abschmecken und mit
3 EL (hellem Balsamico-) Essig	ablöschen.
1 EL roten Pfeffer	zur Dekoration auf den Zucchini verteilen.

Bemerkungen
schmeckt warm, lauwarm oder kalt als Vorspeise oder Beilage.

Zucchini-Puffer

880 g Zucchini	waschen, Stielansatz abschneiden, je nach Wunsch fein bis grob in eine Schüssel reiben.
3 - 4 Eier, je nach Größe	zufügen.
140 g Vollkornmehl	zufügen.
300 ml Wasser	zufügen und abschmecken,
je 1 Bund Petersilie und Dill	hacken und zufügen und alle Zutaten mit der Hand vermischen.
Bratöl	

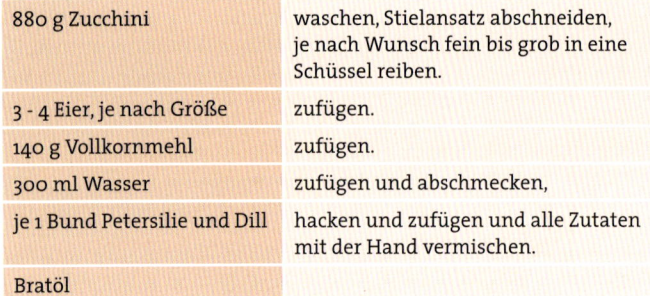

Fertigstellung
Eine Pfanne bei mittlerer Stufe erhitzen, etwas Bratöl in die Pfanne geben, heiß werden lassen, mit einem Löffel je nach Pfannengröße 4 - 5 kleine Puffer in die Pfanne geben, braun werden lassen, wenden, bräunen und genießen.

Bemerkungen
Schmecken lecker mit Tsatsiki oder einem Kräuterjoghurt und grünem Salat oder Tomatensalat.

Variante
statt Petersilie und Dill: Thymian und 1 EL Sesam oder 1 EL Gomasio. Gomasio kann man fertig kaufen, aber auch ganz leicht selber machen: Man gibt Sesam und etwas Salz in eine Pfanne, erhitzt es schwach, dass der Sesam nur anfängt zu duften. Dann mahlt man es durch eine Mandelmühle – fertig.

Jutta Ungemach

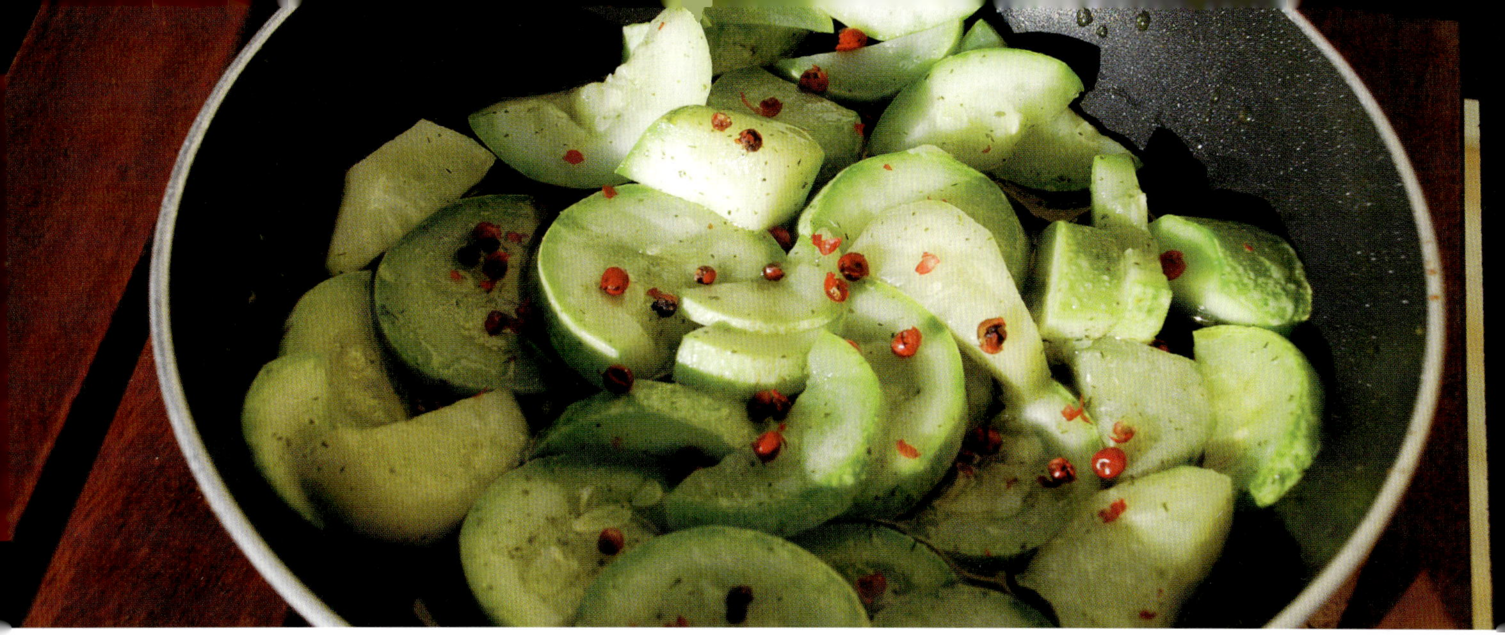

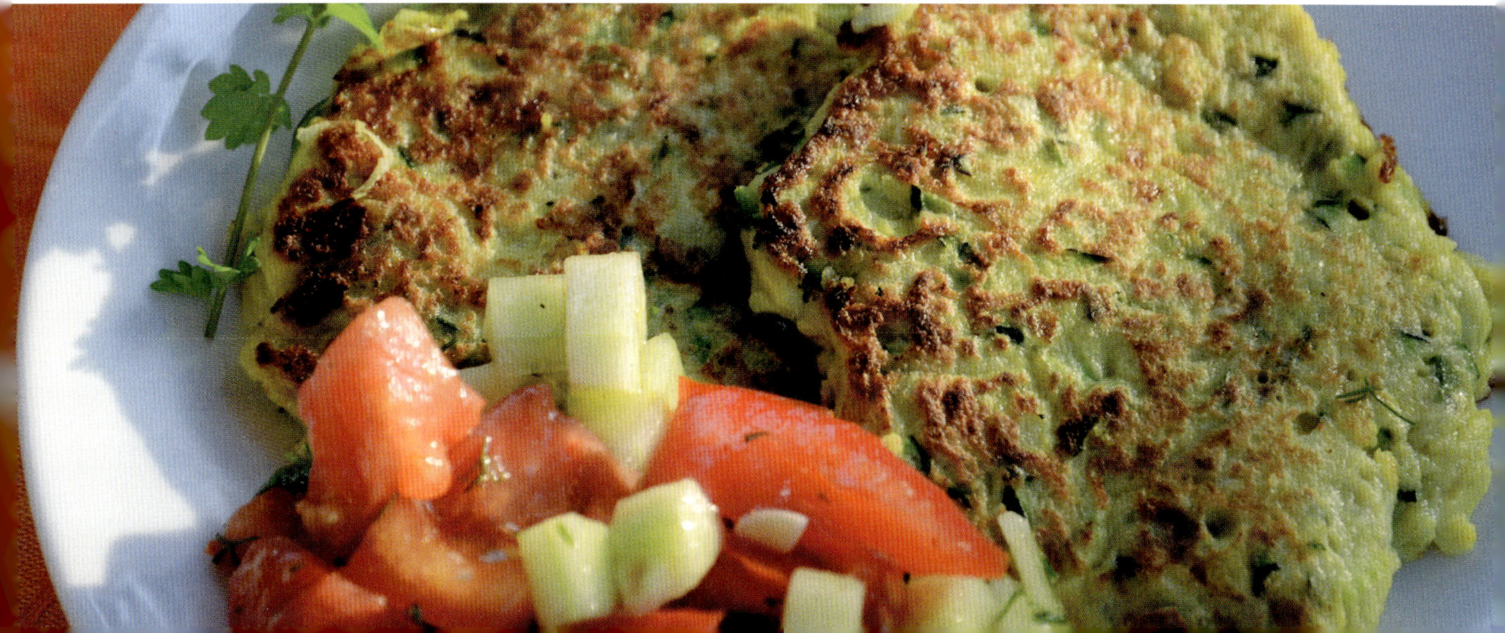

Ziegenkäse-Pesto

1 Bund Rucola	waschen und trockentupfen.
1 Bund glatte Petersilie	waschen und trockentupfen und mit
4 - 5 EL Olivenöl	sehr fein pürieren,
ca. 200 g Ziegenfrischkäse	unterrühren,
1 Schuss Zitronensaft	hinzufügen. Alles nochmals pürieren und mit
Pfeffer und Salz	abschmecken

Bemerkungen
Hält sich im Kühlschrank ca. 1 Woche. Schmeckt zu Nudeln, als Salat-Sauce, als Brot-Belag ...

Variante
kann auch mit Dill oder Basilikum (was gerade im Saisongarten ern-tereif ist) gemacht werden. Statt Ziegenfrischkäse kann auch anderer Frischkäse oder Parmesan verwendet werden.

Martin Stenger

Paprika im Backofen

Paprika	
Je 3 rote und gelbe Paprikaschoten	waschen, längs vierteln. Stielansatz, Trennwände und Kerne entfernen.
	Backblech mit Alufolie auslegen, Paprika mit der Innenseite auf das Backblech legen und im Backofen auf der oberen Einschubleiste (oder unter dem Grill) bei 225 Grad ca. 20 Minuten backen. Wenn die Haut Blasen wirft und dunkel wird, Paprika aus dem Ofen nehmen. Nach dem Abkühlen vorsichtig häuten.

Marinade	
½ - 1 Bund Zitronen-Thymian	waschen, trockentupfen, Blättchen abzupfen.
6 EL Zitronen-Olivenöl	mit
4 EL weißem Balsamico-Essig oder Zitronensaft	verrühren und mit
Salz und Pfeffer	würzen. Thymian hinzufügen.

Fertigstellung
Paprikastücke von beiden Seiten in der Marinade wälzen. In einer Form aufeinander schichten. Restliche Marinade darüber verteilen und mindestens 1 Stunde ziehen lassen.

Bemerkungen
im Kühlschrank mindestens 2 - 3 Tage haltbar.

Ariane Winterfeldt

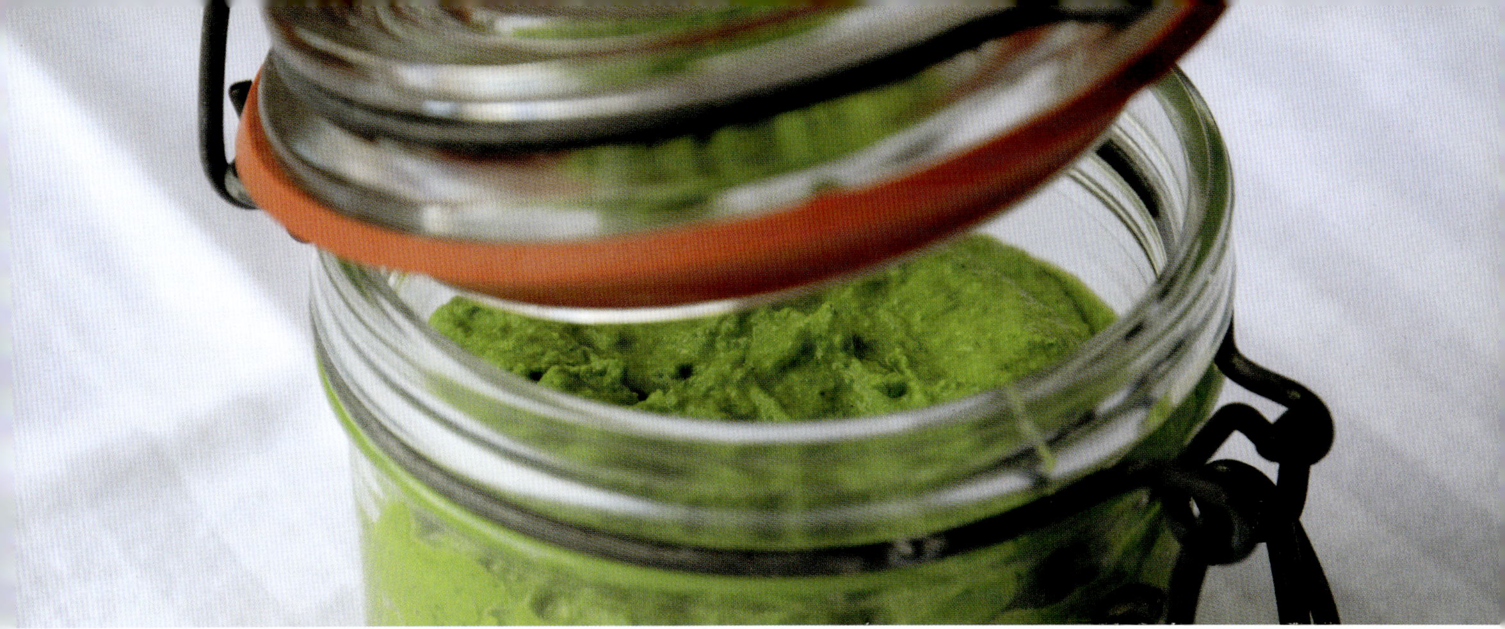
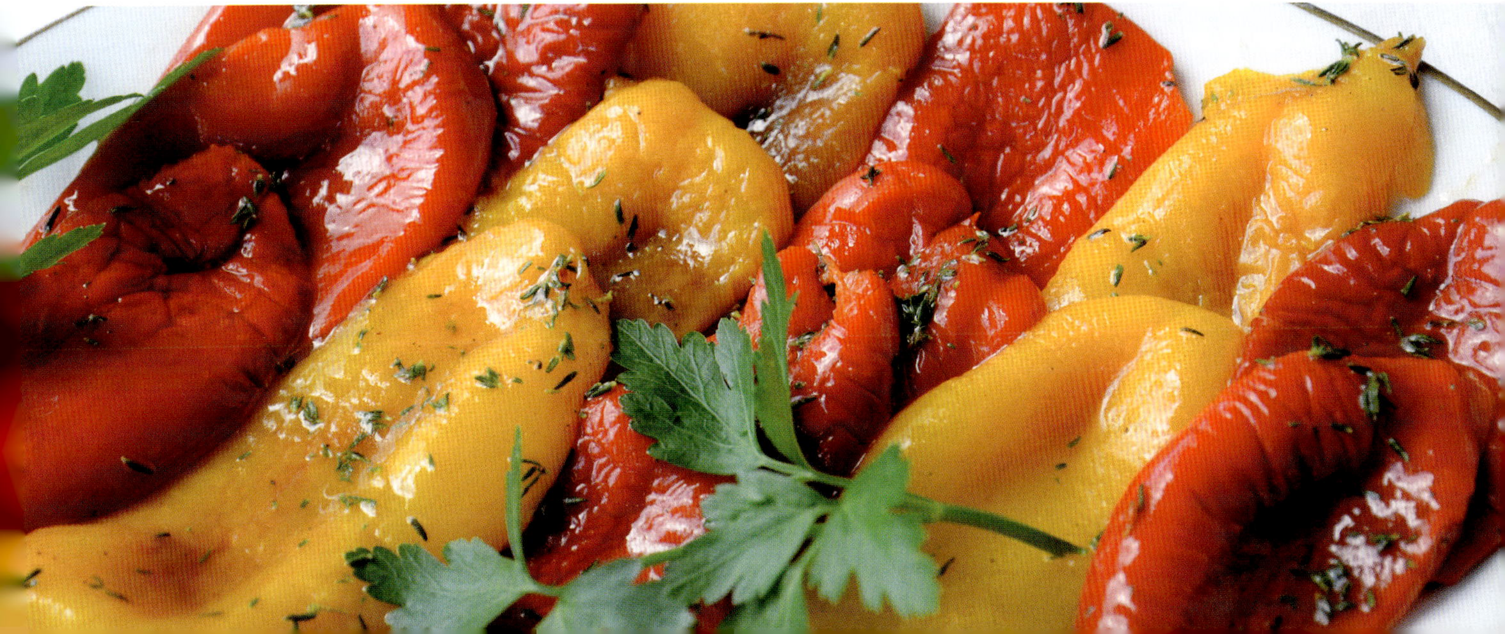

Grüner Sommer Smoothie

2 - 3 Bananen, eine davon evtl. gefroren	bereit stellen.
1 Handvoll reife Aprikosen	waschen und Kerne entfernen.
1 Handvoll Pflückmangold aus dem Saisongarten	waschen und putzen.
Wildkräuter nach Belieben (z.B. Giersch, weißer Gänsefuß ...)	(oder frische Kräuter aus dem Saisongarten) waschen und putzen.
1 Prise Vanille	mit den restlichen Zutaten mischen.
Einige Heidelbeeren (oder sonstige Beeren der Saison)	waschen, putzen und für die Dekoration bereitstellen.
Wasser	nach Bedarf

Fertigstellung

Alle Zutaten - bis auf die Beeren - in einem Mixer fein pürieren. Wasser nach Belieben zufügen, bis die gewünschte Konsistenz erreicht ist. Bei Bedarf: kalt stellen.

Bemerkungen

Als Getränk etwas dünnflüssiger mit mehr Wasser zubereiten. Als grüne Suppe etwas dickflüssiger mixen. In eine schöne Schüssel geben und mit den Beeren und Blumen dekorieren. Löffelnd genießen...

Judith

Kalte Gurkensuppe mit Dill

2 mittelgroße Gurken (ca. 600 g)	waschen, schälen, in Stücke schneiden und in einen Mixer füllen.
2 TL Senf	hinzufügen.
2 EL Frischkäse	und
500 g Joghurt	hinzufügen und mit
Salz und Pfeffer	nach Geschmack würzen.
½ Bund Dill	kleinschneiden. Ein paar Zweige davon auf die Seite legen.
2 EL Olivenöl	und kleingeschnittenen Dill zur Gurken-Joghurt-Mischung geben und alles fein pürieren.
Einige rosa Pfefferkörner	grob zerstoßen.

Fertigstellung

Gurkensuppe kalt stellen. Wenn's schnell gehen soll, kann man Eiswürfel hinzufügen, das verwässert die Suppe aber etwas. Gurkensuppe mit Dillzweigen und rosa Pfefferkörnern garnieren.

Bemerkungen

Schmeckt an einem heißen Sommerabend mit frischem Dinkel-Twister aus der Oberfeld-Bäckerei.

Paprika-Kaltschale mit Aprikosen

250 g gelbe Paprika	putzen, Kerne entfernen und in Stücke schneiden.
8 kleine Aprikosen (ca. 250 g)	entkernen.
500 g Kefir	mit Paprika und Aprikosen im Mixer fein pürieren.
3 EL Leinöl	hinzufügen.
2 - 4 TL Zucker	hinzufügen. Mit
Salz und Pfeffer	abschmecken und nochmals pürieren.

Fertigstellung

Kühl stellen und servieren.

Bemerkungen

Wenn keine Aprikosen-Saison ist, kann man auch Orangensaft verwenden.

Variante

Wer es etwas milder mag, kann die Paprika vor dem Pürieren in Olivenöl andünsten. Man sollte dann aber statt Leinöl Olivenöl verwenden.

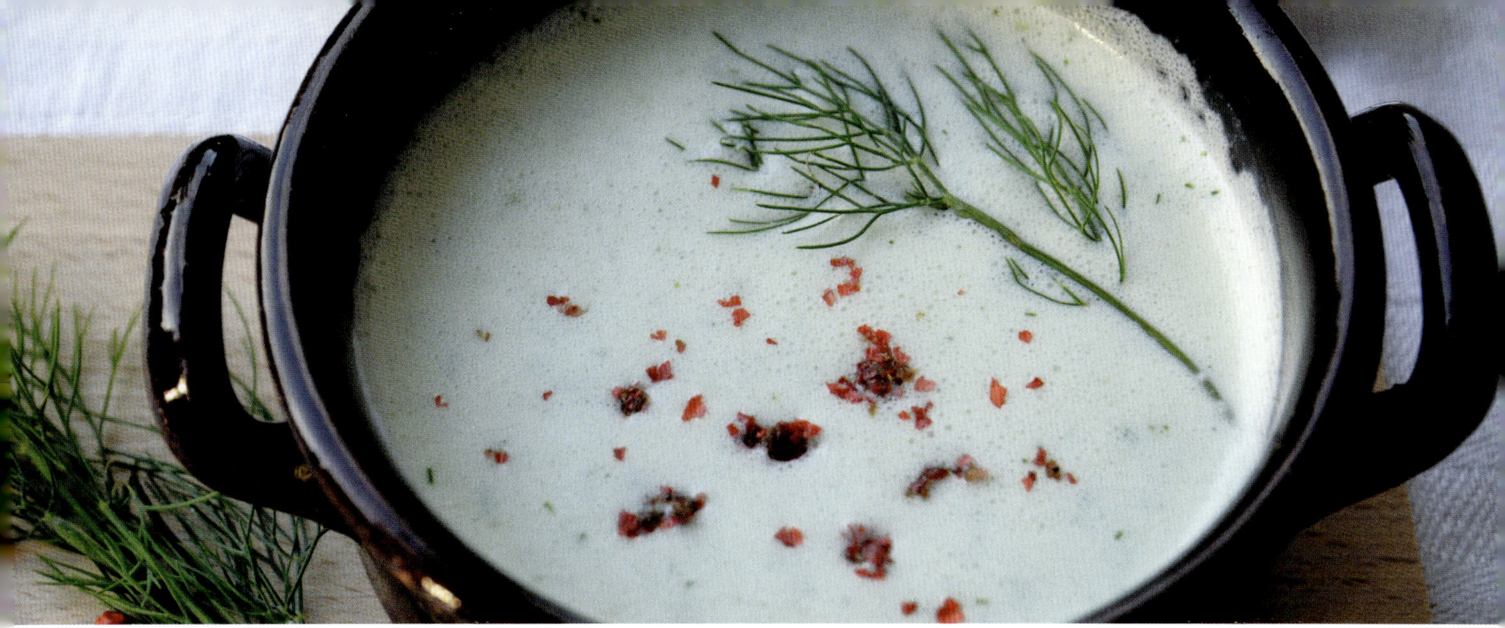
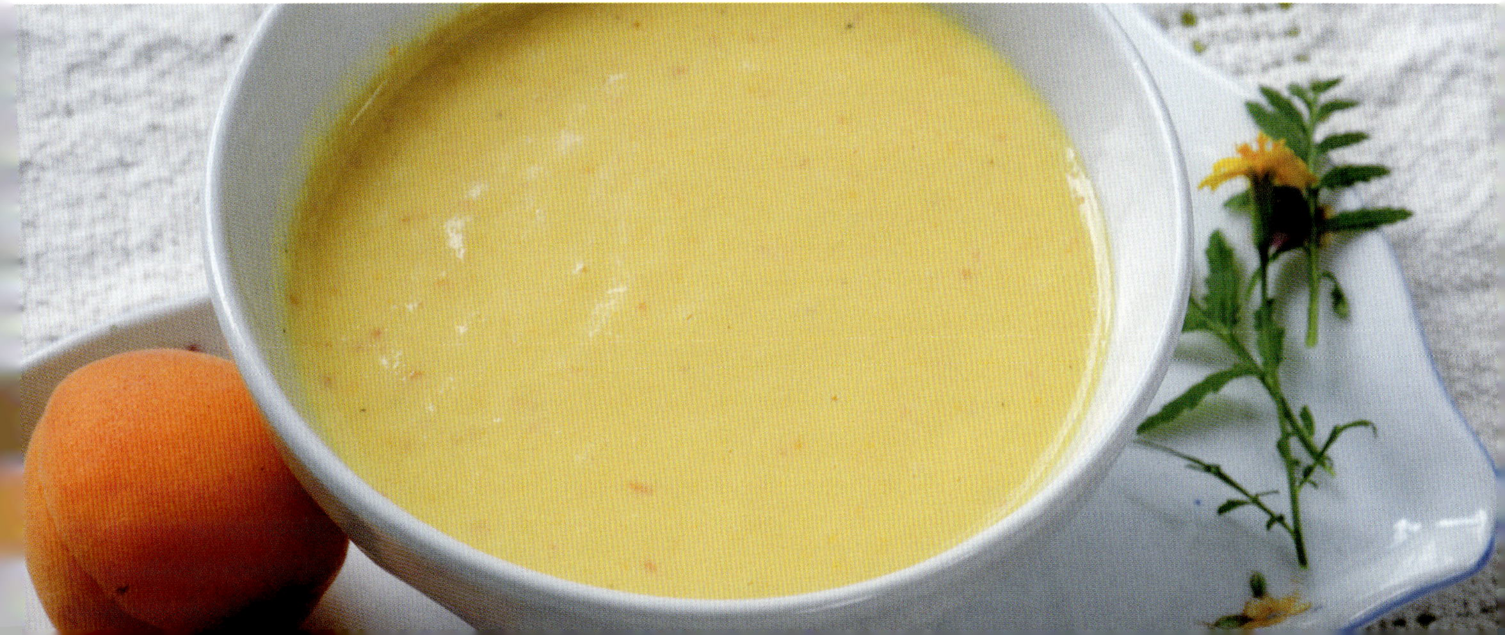

Gazpacho

1 kg reife Fleischtomaten	vierteln, Kerne auskratzen, in kleine Würfel schneiden oder im Mixer pürieren. In eine Schüssel füllen.
4 Scheiben Weißbrot	entrinden, zerpflücken und unter die pürierten Tomaten mischen.
1 kleine Gurke	schälen, vierteln und entkernen. Ein Drittel davon sehr fein würfeln und beiseite stellen, den Rest in grobe Stücke schneiden.
2 rote Paprikaschoten	waschen, ein Drittel davon in kleine Würfel schneiden und ebenfalls zur Seite stellen. Den Rest grob zerschneiden.
1 Zwiebel	schälen, grob schneiden.
4 Knoblauchzehen	schälen und mit der Zwiebel und dem grob zerkleinerten Gemüse im Mixer pürieren. Pürierte Gemüsemasse mit
5 EL Olivenöl	und
3 EL Sherry-Essig (oder Balsamico)	unter das Tomatenpüree mischen. Mit
Salz, Pfeffer, 1 Msp Cayennepfeffer	würzen.
	Den Gazpacho mindestens 1 Stunde kalt stellen.
2 Scheiben Weißbrot	würfeln und in
2 EL Olivenöl	knusprig braten.

Fertigstellung

Den gekühlten Gazpacho gut umrühren, nochmals abschmecken und mit Brotcroûtons und den feinen Gemüsewürfelchen bestreut servieren.

Bemerkungen

Schmeckt noch feiner, wenn man die Tomaten zu Beginn kreuzweise einschneidet, kurz in kochendes Wasser gibt, danach kalt abschreckt und die Haut abzieht

Carol Chiffelle

Gemüsechips

2 festkochende Kartoffeln	Alle Gemüse waschen und in dünne Scheiben schneiden.
2 Karotten	
1 Zucchini	
1 Aubergine	
	Die Zutaten vorsichtig abtupfen und mit
Meersalz	bestreuen.
Ca. 4 EL Öl	in eine Pfanne geben, erhitzen und das Gemüse portionsweise von beiden Seiten knusprig backen.
	Die Chips auf einem Küchenpapier abtropfen lassen

Fertigstellung
Gemüsechips auf einer Platte anrichten.

Daria Höfler-Lai

Backtomaten

	Den Backofen auf 180 Grad vorheizen.
750 g kleine rote Rispentomaten	waschen, trockentupfen und auf ein mit Backpapier ausgelegtes Backblech setzen.
4 frische Knoblauchzehen	schälen, halbieren und zwischen den Tomaten verteilen. Mit
grobem Meersalz, gemahlenem Pfeffer	würzen.
1 Bund Thymian	waschen und abtupfen. Die Hälfte des Thymians kleinhacken und gemeinsam mit den restlichen Thymianstängeln über die Tomaten streuen. Mit
Olivenöl	beträufeln und die Backtomaten für ca. 25 Minuten auf mittlerer Schiene in den Backofen schieben.

Daria Höfler-Lai

Schnelles Weißkohlgemüse

Beliebige Menge Weißkohl	putzen, waschen, kleinschneiden und in
1 - 2 EL Öl	anbraten.
Etwas Kümmel	und
ein klein wenig Wasser	hinzufügen und solange schmoren, bis der Kohl leicht braun wird.
1 Apfel	schälen und in Stücke schneiden. Die letzten 5 - 10 Minuten mit dem Weißkohlgemüse mitschmoren. Mit
Salz und Pfeffer	abschmecken. Fertig.

Bemerkungen
Einfach und schnell, schmeckt immer wieder sehr lecker!

Julia Steinke

Zuckermais gekocht

4 - 8 Maiskolben	schälen. Fäden entfernen. Je nach Größe und Reifegrad ca. 15 - 20 Minuten in Salzwasser kochen.
	Der Mais ist gar, wenn sich die Körner leicht ablösen lassen.
	Körner mit einer Gabel oder einem Messer von den Kolben lösen. Sehr kleine Kolben kann man auch im Ganzen essen.

Fertigstellung
Mais mit etwas Butter und Salz verspeisen. Aus den Körnern kann man einen leckeren Salat machen oder Gemüse zubereiten. Auch als Füllung für die Oberfeld-Tacos verwendbar...

Wirsing mit Schafskäse

1 kg Wirsing	putzen, waschen, vierteln. In Salzwasser ca. 15 Minuten kochen. Abkühlen lassen und in Streifen schneiden.
500 g Tomaten	mit heißem Wasser überbrühen und häuten, danach in Stücke schneiden. (Die Tomaten können auch ohne Enthäuten in Stücke geschnitten werden).
300 g Schafskäse	fein würfeln.
2 EL Butter	erhitzen, Wirsing darin ca. 3 Minuten andünsten, Tomaten und gewürfelten Schafskäse dazugeben und alles ca. 10 Minuten garen lassen. Mit
Salz, Pfeffer, 2 Prisen Zucker	abschmecken.

Bemerkungen
schmeckt ohne Beilage oder auch mit Salzkartoffeln oder Vollkornbaguette.

Simone Serba

Obst-Gemüse-Smoothie

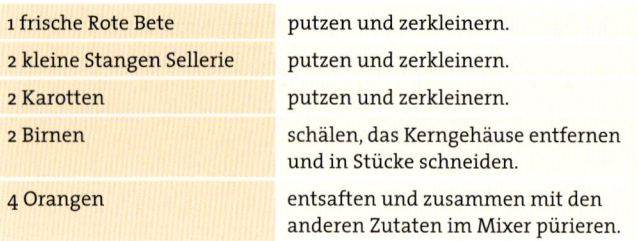

1 frische Rote Bete	putzen und zerkleinern.
2 kleine Stangen Sellerie	putzen und zerkleinern.
2 Karotten	putzen und zerkleinern.
2 Birnen	schälen, das Kerngehäuse entfernen und in Stücke schneiden.
4 Orangen	entsaften und zusammen mit den anderen Zutaten im Mixer pürieren.

Fertigstellung
In hohe Gläser füllen und sofort servieren.

Varianten
Wer mehr Süße möchte, kann Honig oder Ahornsirup hinzugeben.

Daria Höfler-Lai

Rote-Bete-Karotten-Smoothie

2 mittelgroße Rote Bete	schälen und roh in Stücke schneiden.
400 g Karotten	schälen, grob schneiden.
1 kleines Stück Ingwer	schälen. Alle Zutaten in den Mixer geben und mit
500 - 800 ml Orangensaft mit Fruchtfleisch	auffüllen und pürieren. Fertig.

Bemerkungen

Unglaublich gesund mit der rohen Roten Bete und den Karotten. Ein wirklicher Power-Drink!

Marie Klinkler

Gebratener Sellerie

2 mittelgroße Sellerie-Knollen	putzen, schälen und in ca. ½ cm dicke Scheiben schneiden. Sellerie-Scheiben von beiden Seiten in
Mehl	wälzen.
1 Ei	verquirlen und mit
Salz, Pfeffer, Muskat	würzen. Bemehlte Sellerie-Scheiben durch die Eier-Mischung ziehen.
Semmelbrösel	in einen tiefen Teller geben und Sellerie-Scheiben darin von beiden Seiten panieren.
ca. 2 EL Olivenöl	in einer Pfanne erhitzen und Sellerie-Scheiben bei milder Hitze von beiden Seiten darin goldgelb braten bis der Sellerie bissfest oder je nach Vorliebe auch weich ist.

Bemerkungen

Ein Joghurt-Dip schmeckt lecker dazu. Mit Salat der Saison servieren.

Varianten

Rezept eignet sich auch für in Scheiben geschnittenen Kohlrabi oder Fenchel.

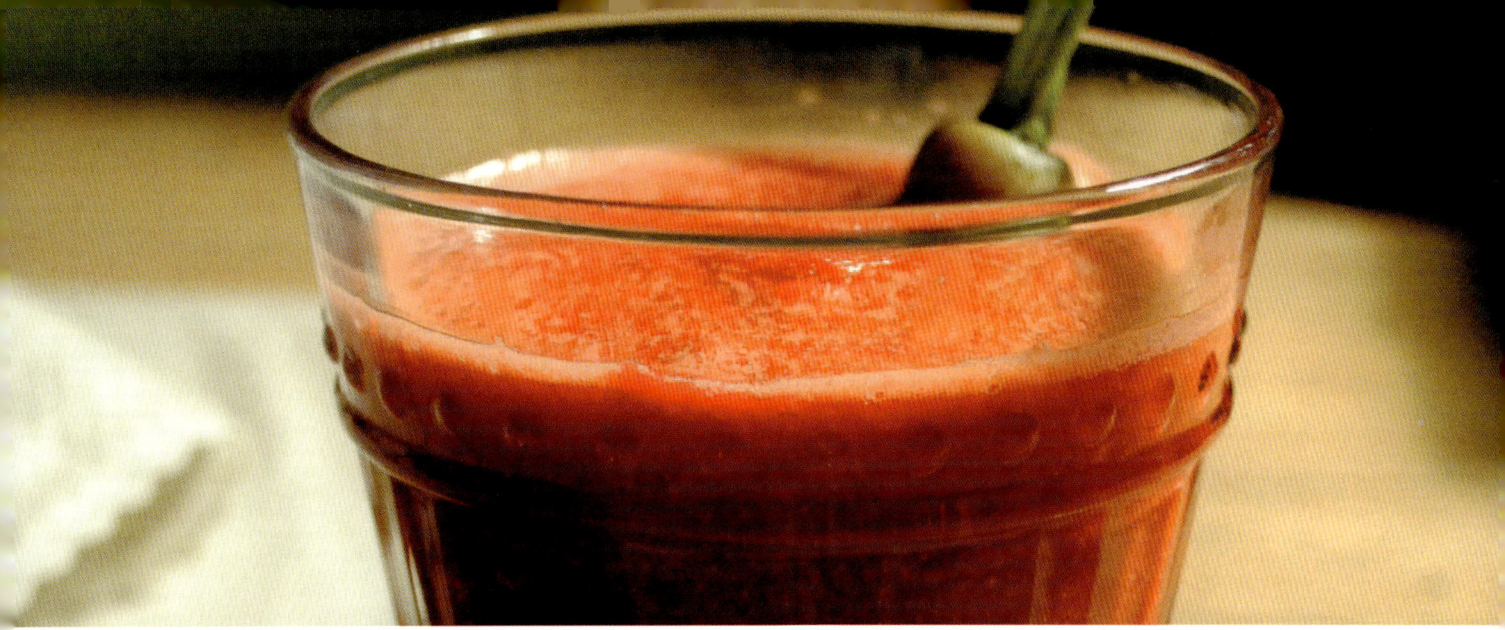
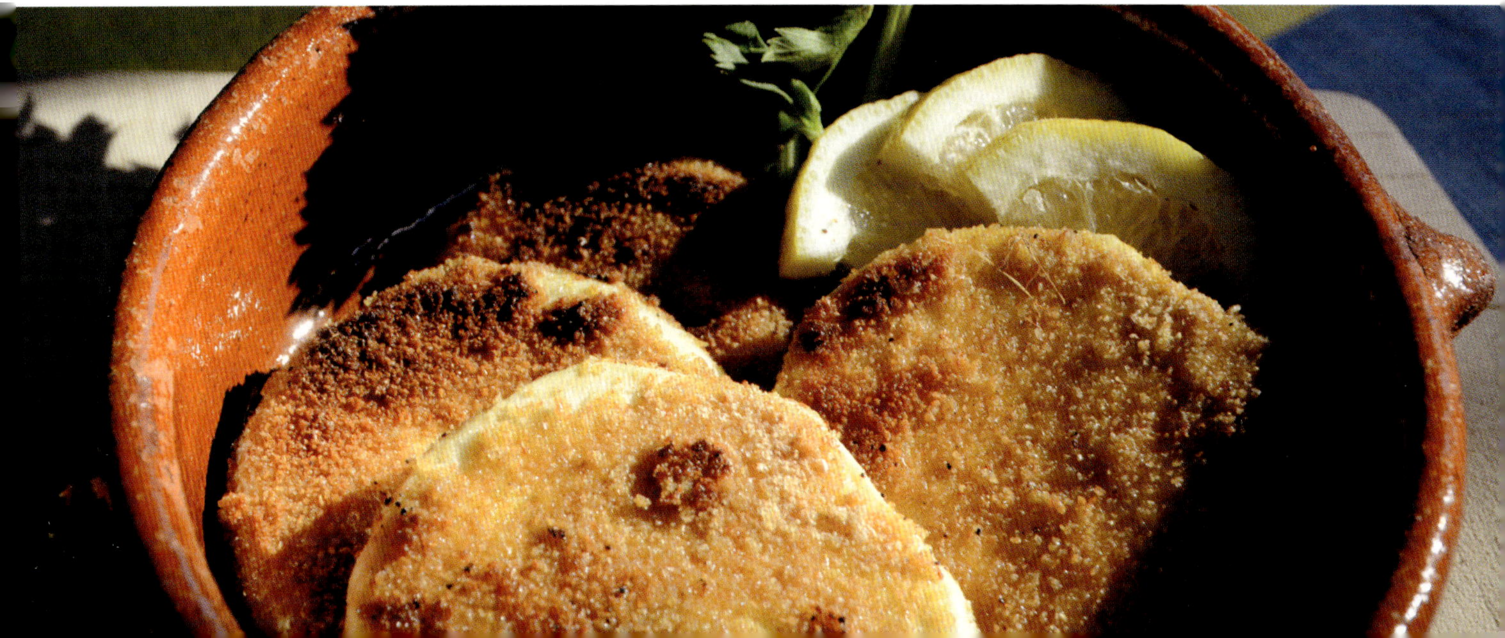

Feldsalat-Variationen

200 g Feldsalat	gründlich waschen, überschüssige Wurzeln abschneiden, mit einem Dressing aus
Öl, Obst-Essig, Pfeffer, Salz	nach persönlichen Vorlieben anmachen.

Variante 1

70 g Gorgonzolakäse	würfeln.
1 - 2 weiche frische Birnen	schälen (oder Birnen aus der Dose), in Scheiben schneiden, mit Gorgonzola-Würfeln auf den Salat legen.
20 halbierte Walnusskerne	als Dekoration darüber streuen.

Variante 2

50 g Katenschinken	mit
12 gegarten Esskastanien	kurz in Öl anbraten und warm auf den Salat legen.

Variante 3

16 Physalis	entblättern und mit
3 EL Kürbiskernen	über den Salat geben.

Variante 4

40 g Parmesan	dünn hobeln und mit
3 EL Pinienkernen	über den Salat geben.

Portraits und Geschichten vom Feld I

Interview mit Simone, 42 Jahre:

In der Tegut-Zeitung hat sie von den Saisongärten gelesen und gedacht: „Da mach ich im nächsten Jahr auf jeden Fall mit." Und nun gärtnert sie, was das Zeug hält. Zwar hat Simone auch daheim einen Ziergarten und dort auch immer ein paar Tomaten in Töpfen gehabt. „Aber jetzt", freut sie sich, „habe ich hier alles zusammen."
Der Garten sei ein Gewinn, der allerbeste Ausgleich überhaupt für die Schreibtischarbeit, die sie jeden Tag zu erledigen hat. Eigentlich, gesteht Simone, hatte sie ursprünglich auch mal den Berufswunsch Gärtnerin. „Und das lebt jetzt wieder auf", lacht sie.

Am besten gefällt ihr, dass sie mit Gemüsesorten zu tun hat, an die sie sich sonst nicht rangetraut hätte. „Aber wenn es schon mal da ist, experimentiere ich auch damit." Nach dem Urlaub habe sie sich richtig auf den Garten gefreut: Der Acker, das Oberfeld - „das ist wie eine Sucht". Mittlerweile isst Simone fast gar kein Fleisch mehr.

Ist ein Beet auf dem Oberfeld abgeerntet, wird es gleich wieder mit neuen Pflänzchen bestückt, die sie zuhause selbst gezogen hat.
Inzwischen ist sie fast täglich in ihrem Garten, und wenn es mal nicht klappt, dann fehlt ihr etwas. An die Monate ohne Oberfeld mag sie gar nicht denken und ist ganz sicher: „Im nächsten Jahr mach' ich wieder mit."

Interview mit Torben, 7 Jahre, Tara, 4 Jahre:

Das muntere Geschwisterpärchen saust um die Gartenhütte auf dem Oberfeld und auf der Wiese herum. Beide genießen sichtlich die große Freiheit und das große Gelände.
Was sie allerdings im Frühling erlebt haben, lässt sie auf einer Bank innehalten und atemlos erzählen. Da nämlich hat Torben auf einem Rechen ein Amselnest entdeckt. Im April, da erinnert er sich ganz ge-

nau, war die Amsel-Mutter angekommen. Und im Mai hat sie dann vier Eier gelegt. „Dann sind die Kleinen geschlüpft und haben vielleicht gepiepst!", ruft Torben.

Aus Rücksicht vor dem geräuschempfindlichen Nachwuchs wurden alle Arbeitsgeräte aus der Hütte geräumt, die Oberfeld-Gärtner waren informiert und nahmen entsprechend Rücksicht.

Drei Wochen lang haben Torben und Tara das Gepiepse verfolgt und immer mal die kleinen Köpfchen aus dem Nest schauen sehen. Leider nur noch drei Vogelbabys; eines war aus dem Nest gefallen und hat es nicht überlebt.
„Und auf einmal war das Nest dann leer, die Amsel-Mama war mit ihren Babys weg und es war ganz ruhig", sagt Torben und schaut dabei fast ein bisschen traurig aus.

Die Miene des Bessunger Grundschülers hellt sich aber sofort wieder auf, als er erzählt, was dann mit dem Nest passiert ist. Im Sachkunde-Unterricht hätten sie zufällig gerade die Amsel durchgenommen. „Und da hab ich den Jens gefragt, ob ich das Nest nicht mal mit in die Schule nehmen darf."
Der willigte ein und stimmte auch zu, das Nest umzusiedeln. Nun versteckt es sich in einer Hecke nahe der Grundschule. Und es ist klar, wer im April nächsten Jahres dort schaut, was sich wohl tut.

Die Eltern Sabine und Harald sind auf jeden Fall glücklich über ihre Kinder, die Amseln und natürlich den Garten auf dem Oberfeld. „Wir sind immer wieder aufs Neue erstaunt, was man da so alles mit nach Hause bringt", sagt Sabine. Und essen die Kinder auch tüchtig Gemüse?
Klar, sagen sie. Aber Oberfeld hin oder her: Nudeln mit Tomaten-Sauce ist und bleibt erst mal ihr Leibgericht, stimmen Torben und Tara überein.

Annette Wannemacher-Saal

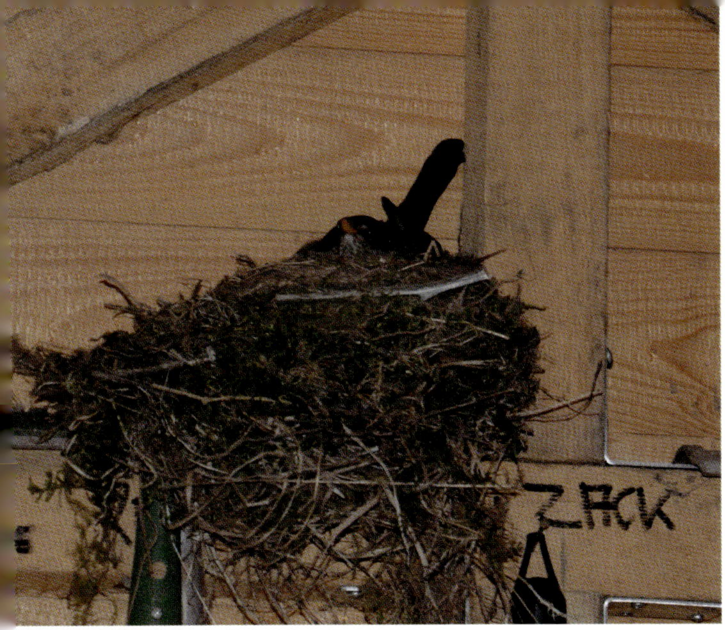
ZACK

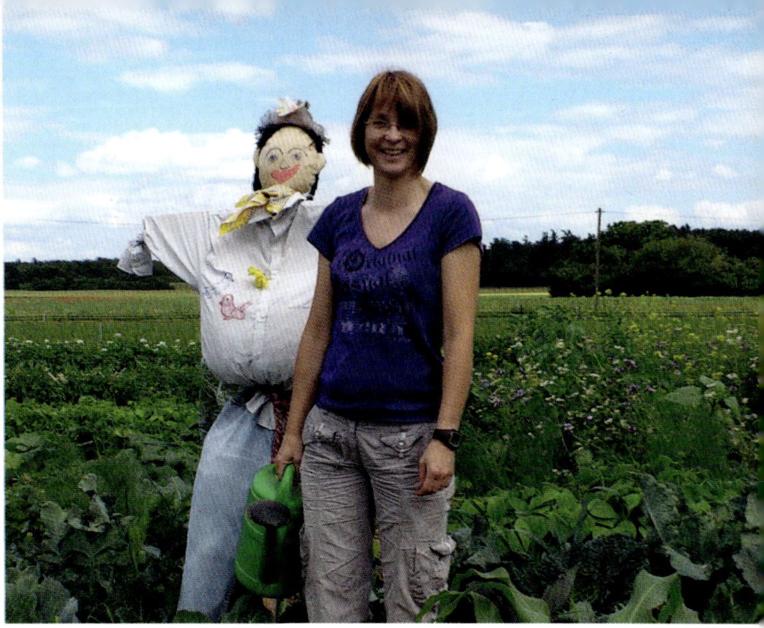

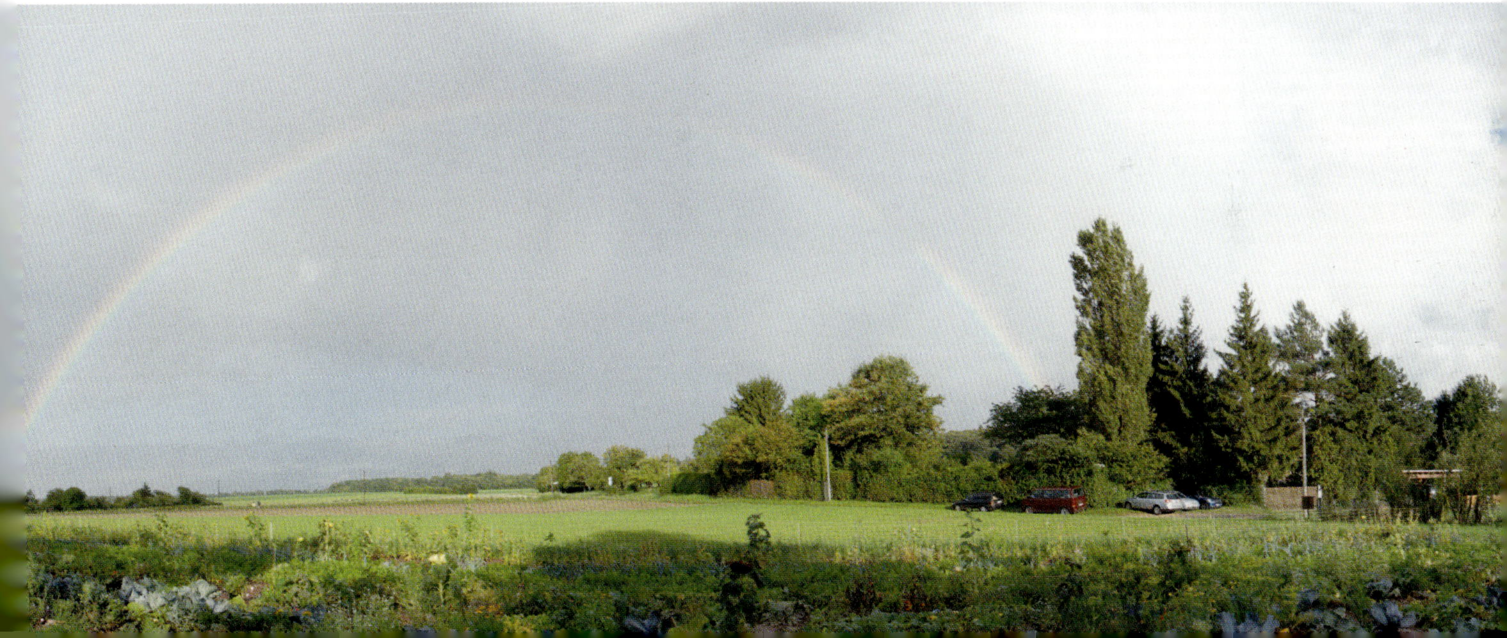

Winter

Frühlir

Sommer

Herk

Vorspeisen, Suppen, Salate

Grüne Sauce

400 - 600 g saure Sahne 10%	in einer Schüssel mit
4 TL Senf	glattrühren.
8 - 12 EL Kräuter (7 verschiedene)	waschen, abtropfen, mit einem scharfen Messer fein hacken und mit der sauren Sahne mischen. Wir haben folgende Kräuter verwendet: Kerbel, Sauerampfer, Dill, Petersilie, Borretsch, Pimpinelle und Schnittlauch.
4 EL Zitronensaft	zur Kräutermischung geben und mit
Salz, Pfeffer, 1 Prise Zucker oder etwas Honig	abschmecken.
4 Eier	hart kochen, schälen, in Scheiben oder Viertel schneiden und zur Sauce geben.

Varianten

Je nach Jahreszeit kann man auch eine Kräuter-Sauce mit anderen Saisongarten-Kräutern oder mit Wildkräutern nach dem gleichen Rezept zubereiten.

Jutta Ungemach

Fenchelgrün-Suppe

Sehr viel junges Fenchelgrün (mindestens 500 g)	waschen, kleinschneiden, dickere Stängel entfernen.
1 Zwiebel	hacken und in
1 - 2 EL Olivenöl	andünsten. Fenchelgrün dazugeben, mit
1 l Wasser	auffüllen und
1 Gemüsebrühwürfel	dazugeben. Alles 15 Minuten weich kochen lassen und gut pürieren.
½ Zitrone	auspressen, 2 TL Zitronensaft hinzufügen. Mit
Salz und Pfeffer	abschmecken.
0,2 l Sahne	unterrühren, damit der zarte Fenchelgeschmack zur Geltung kommt.

Weißbrotscheiben mit Ziegenkäse

4 Weißbrotscheiben	mit
4 Scheiben Ziegenrollenkäse	belegen und kurz im Ofen überbacken.

Fertigstellung

Weißbrotscheiben mit überbackenem Ziegenkäse auf die Suppe legen und servieren.

Horst Kurzer

Kohlrabisuppe mit Vanille und Garnelen

Kohlrabisuppe	
2 Zwiebeln	grob würfeln.
2 Zehen Knoblauch	fein würfeln. Zwiebel- und Knoblauch-würfel in
etwas Butter	mit
1 Prise Zucker	bei milder Hitze dünsten bis sie glasig werden.
2 Kohlrabi	in Stücke schneiden, in Zwiebel-Knoblauchmasse geben und bei mittlerer Hitze mitdünsten. Mit
100 ml trockenem Weißwein	ablöschen und ein wenig einkochen lassen.
400 ml Gemüsebrühe	hinzufügen.
1 kleines Stückchen Ingwer	fein hacken.
Wenig frisches rotes Chili	fein hacken (wenig, damit es nur eine dezente Schärfe gibt) und mit Ingwer in die Kohlrabi-Gemüsebrühe geben.
½ Vanilleschote	auskratzen, das Innere und die Schote zufügen.
	Suppe im geschlossenen Topf 20 Minuten köcheln lassen, die Vanilleschote herausfischen, die Suppe pürieren und durch ein feines Sieb streichen. Suppe im Topf erhitzen, je nach gewünschter Sämigkeit noch etwas einkochen oder Brühe hinzufügen. Den Topf vom Herd nehmen.
150 ml Schlagsahne	mit einem Schneebesen unterschlagen. Mit
Salz und Pfeffer	abschmecken.

Garnelen	
Etwas Pflanzenöl	in einer Pfanne erhitzen bis es leicht raucht. Eine
beliebige Anzahl Garnelen	ganz kurz scharf anbraten (bei Tiefkühlgarnelen vorher auftauen und nach Beschreibung zubereiten).

Fertigstellung

Die Suppe in tiefe Teller oder Tassen geben und die Garnelen hinzufügen.

Bemerkungen

Schmeckt auch ohne Garnelen, dann mit geschnittenen Kohlrabi-Blättern oder Petersilie garnieren. Wenn die Suppe ohne Wein zubereitet werden soll, einfach mehr Gemüsebrühe nehmen.

Cataldo Procacci

Gefüllte Mairübchen (als Vorspeise)

1 - 2 Mairübchen pro Person	reinigen und schälen (bei kleinen/jungen Mairübchen ist Schälen nicht nötig), oben und unten flach abschneiden. Mairübchen ca. 20 - 30 Minuten in
Salzwasser	kochen bis sie gerade weich werden, aushöhlen und ggf. nachwürzen.
Kräuterfrischkäse oder angebratenes Hackfleisch	in die ausgehöhlten Mairübchen füllen.

Fertigstellung	
Radieschen, Petersilie, Erdbeeren	Den ausgehöhlten Teil als Kappe aufsetzen und mit Radieschen, Petersilie oder Erdbeeren dekorieren.

Bemerkungen

Eignet sich gut für einen Kreativwettbewerb in der Familie oder unter Freunden. Diejenigen, die es eher süß mögen, können auch Erdbeeren als Füllung verwenden. Statt fertigem Kräuterfrischkäse kann man auch Ziegenfrischkäse mit feingehackten Gartenkräutern verwenden und Teile der ausgehöhlten Masse hacken und untermischen.
...und dazu einen Riesling oder spritzigen Sommerwein

Mairübchen-Salat

Salat	
8 kleine Mairübchen	schälen und grob raspeln.
2 Handvoll Pflücksalat	waschen und auf 4 Tellern anrichten. Geraspelte Mairübchen auf dem Pflücksalat verteilen.
1 Frühlingszwiebel	in kleine Ringe schneiden, über den Salat streuen.
4 Radieschen	in Scheiben schneiden und den Salat damit dekorieren.
2 hartgekochte Eier	würfeln und auf den Tellern verteilen.
Salat-Sauce	über den Salat geben und kurz einziehen lassen. Mit
Kresse	garnieren.

Salat-Sauce	
4 EL Olivenöl	Alle Zutaten für die Salat-Sauce mischen
Saft von ½ - 1 Bio-Zitrone	
1 TL Senf	
Salz und Pfeffer	

Bemerkungen

Wem die Salat-Sauce zu sauer ist, kann auch etwas Zucker zur Salat-Sauce hinzufügen oder anstelle der Zitrone weißen Balsamico-Essig verwenden.

Frühlingssuppe aus Radieschenblättern und Melde

1 Zwiebel	fein hacken,
1 ganz kleine Knoblauch-zehe	fein hacken,
1 große Kartoffel	schälen und reiben.
75 g Radieschenblätter	waschen und in Streifen schneiden.
75 g junge Melde ohne Blüten	waschen, Blätter von den Stielen zupfen und hacken.
1 - 2 EL Butter	in einem Topf erhitzen. Zwiebeln darin andünsten. Radieschenblätter, Melde und geriebene Kartoffel hinzufügen und kurz mitdünsten.
1 l Gemüsebrühe	hinzufügen und alles ca. 10 Minuten köcheln lassen.

0,1 l Sahne	hinzugeben und mit einem Pürierstab fein pürieren. Mit
Salz und Pfeffer	abschmecken.
4 - 8 Radieschen	kleinhacken. Die fertige Suppe damit garnieren.

Bemerkungen

einfache Frühlingssuppe. Melde wächst als „Unkraut" in allen Saison-gärten. Wir haben uns gedacht: „mache das Unkraut zum Freund" und sind auf diese Kombination gekommen. Wenn man nicht genügend Radieschenblätter und Melde zusammen bekommt, kann man auch Borretsch oder sonstige Kräuter bzw. Wildkräuter (z.B. Brennesseln, Giersch, Schafgarbe ...), die gerade reif sind, verwenden.

Kräuter im Teigmantel

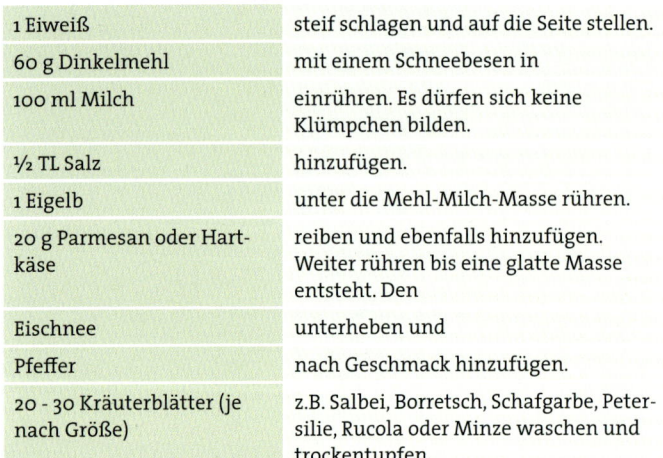

1 Eiweiß	steif schlagen und auf die Seite stellen.
60 g Dinkelmehl	mit einem Schneebesen in
100 ml Milch	einrühren. Es dürfen sich keine Klümpchen bilden.
½ TL Salz	hinzufügen.
1 Eigelb	unter die Mehl-Milch-Masse rühren.
20 g Parmesan oder Hart-käse	reiben und ebenfalls hinzufügen. Weiter rühren bis eine glatte Masse entsteht. Den
Eischnee	unterheben und
Pfeffer	nach Geschmack hinzufügen.
20 - 30 Kräuterblätter (je nach Größe)	z.B. Salbei, Borretsch, Schafgarbe, Peter-silie, Rucola oder Minze waschen und trockentupfen.

Fertigstellung

Ausreichend Olivenöl in einer Pfanne erhitzen. Blätter im Teig wenden. Von beiden Seiten knusprig backen. Auf Küchenpapier abtropfen lassen.

Bemerkungen

Schmeckt mit allen kräftigen essbaren Kräutern. Am besten warm als kleine Vorspeise oder Fingerfood.

Varianten

Aus dem Teig kann man auch dünne Kräuter-Pfannkuchen in der Pfanne backen. Dazu gibt man eine Portion Teig in die Pfanne, lässt ihn verlaufen, legt die Kräuter darauf und wendet dann den Pfannkuchen. Man lässt ihn fertig backen.
Als weitere Variante kann man diese Pfannkuchen nach dem Abkühlen mit Schmand oder Quark oder Frischkäse bestreichen, aufrollen und in ca. 2 cm breite Streifen schneiden.

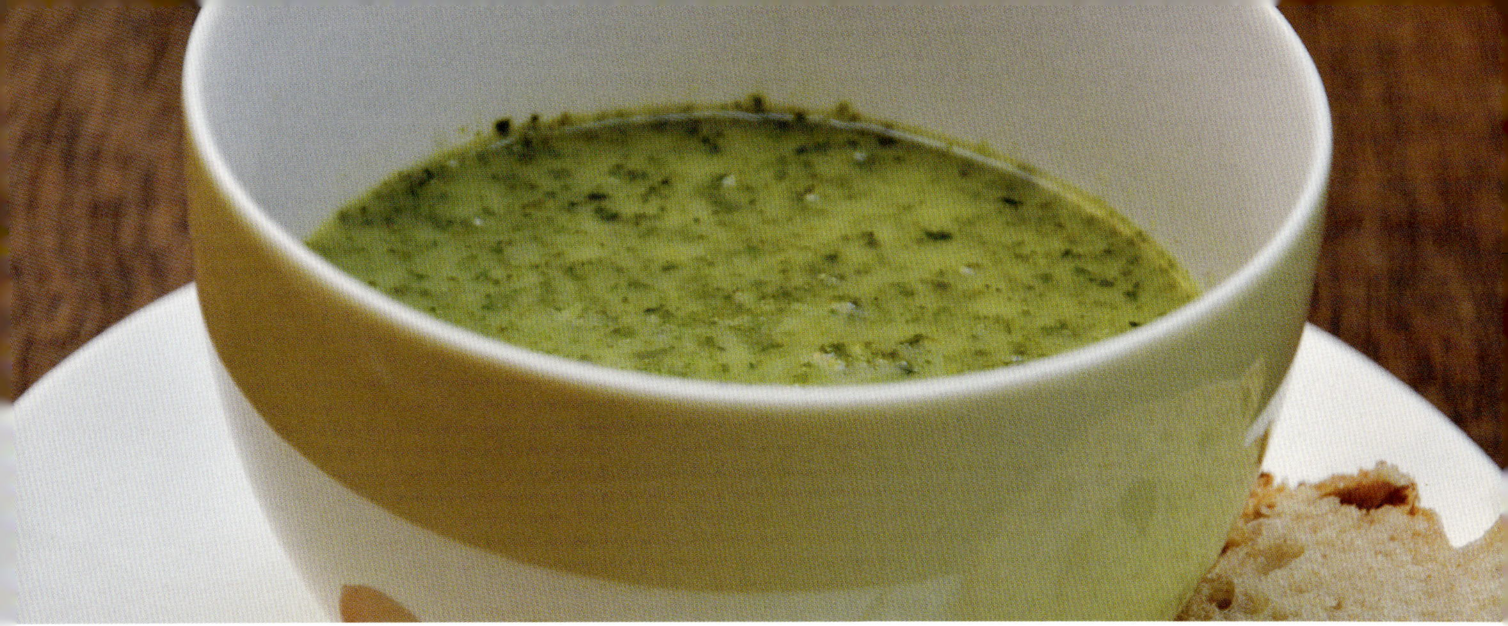

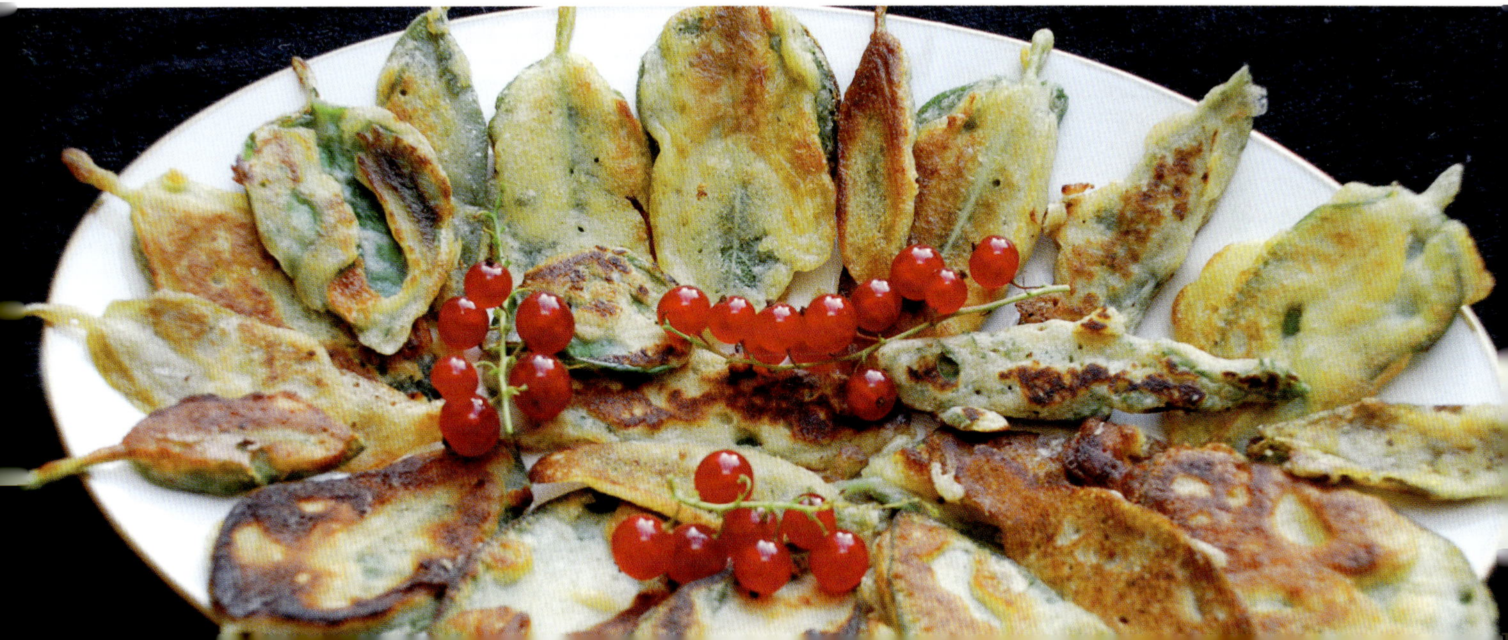

Hühnersuppe mit Frühlingsgemüsen

Huhn	
1½ - 2 l Wasser	zum Kochen bringen.
1 - 2 TL Salz, einige Pfeffer-körner	beifügen.
1 Lorbeerblatt	beifügen.
1 frisches Suppenhuhn	waschen und im Salzwasser 1 bis 1,5 Stunden kochen. Das Kochwasser sollte das Huhn bedecken.

Suppengemüse	
2 - 4 Kartoffeln	schälen, halbieren und in Stücke schneiden.
4 - 6 Karotten	schälen, in Stücke schneiden.
1 Kohlrabi	schälen, vierteln und in Stücke schneiden.
1 Mairübchen	schälen, vierteln und in Stücke schneiden.
1 - 2 Zwiebeln	schälen, vierteln.
1 kleine Zucchini	waschen, längs halbieren und in Stücke schneiden.
2 - 3 getrocknete Tomaten	in Streifen schneiden.

Fertigstellung

Das vorbereitete Suppengemüse zum Huhn in die Suppe geben und alles auf kleiner Flamme kochen lassen. Reihenfolge: zuerst Kartoffeln, Karotten, Kohlrabi und Mairübchen, dann die Zwiebeln, etwas später die Zucchini und getrockneten Tomaten. Garzeit für Kartoffeln, Karotten, Kohlrabi und Mairübchen 20 - 30 Minuten, für Zwiebeln, Zucchini und getrocknete Tomaten 10 - 15 Minuten. Wenn Huhn und Gemüse gar sind (nach 1½ - 2 Stunden Gesamtkochzeit) das Huhn aus der Suppe nehmen, das Fleisch auslösen, ggf. kleinschneiden und wieder zur Suppe geben. Nochmals mit Salz und Pfeffer abschmecken. Die Suppe mit gehackter Petersilie bestreuen und servieren.

Bemerkungen

Wir haben alle Gemüse verwendet, die Anfang Juni schon reif waren. Natürlich schmeckt diese Suppe auch im Sommer oder Herbst mit allem, was der Garten dann so hergibt.

Fenchel mit Ziegenkäsetalern

Fenchel	
3 kleine Fenchelknollen	halbieren, den Strunk keilförmig herausschneiden. Fenchelgrün entfernen, fein hacken und beiseite stellen. Den Fenchel in dünne Streifen schneiden.
2 EL Ghee (oder Butterschmalz oder Olivenöl)	in einer Pfanne erhitzen, den Fenchel dazugeben und bei mittlerer Hitze 5 Minuten dünsten bis er glasig ist.
250 ml trockenen Weißwein (oder Apfelsaft)	hinzugießen und bei kleiner Flamme weichgaren.
1 EL braunen Zucker	hinzufügen.
1 TL Fenchelsamen	darüber streuen.
½ Zitrone	auspressen, Saft zum Fenchelgemüse gießen. Mit
Salz und Pfeffer	abschmecken.
Fenchelgrün	am Schluss hinzufügen.

Ziegenkäsetaler	
2 trockene Brötchen	reiben.
400 g Ziegenfrischkäse	in ein Passiertuch füllen und dieses von den Enden her zusammendrehen, dabei den Käse fest auspressen. Den Ziegenfrischkäse auf eine Frischhaltefolie verteilen und zu einer Rolle drehen. Die Enden zusammenzwirbeln und die Rolle für ca. 10 Minuten in den Gefrierschrank legen. Den Ziegenfrischkäse von der Folie befreien und in fingerdicke Scheiben schneiden.
5 Zweige frischen Thymian	Blätter von den Zweigen zupfen und die Taler von beiden Seiten bestreuen.

2 Eier	verquirlen,
1 EL Milch	hinzufügen. Ziegenkäse in der Milch-Eier-Mischung vorsichtig wenden, mit den geriebenen Brötchen panieren.
3 EL Ghee (oder Butterschmalz oder Olivenöl)	Von beiden Seiten im Fett goldbraun braten.

Fertigstellung

Ziegenkäsetaler auf dem warmen Fenchelgemüse anrichten und mit etwas Fenchelgrün garnieren.

Varianten

Statt Ziegenfrischkäse können auch Ziegenfrischkäsetaler (400 g) verwendet werden, die man in fingerdicke Scheiben schneidet. Dies ist jedoch ein geschmacklicher Unterschied.

Daria Höfler-Lai

Grüne Erbsensuppe

Erbsensuppe	
2 EL Rapsöl	in einem Topf erhitzen.
200 g frische grüne Erbsen	aus den Schoten gelöst im Öl andünsten.
1 Karotte	waschen, putzen, in Stücke schneiden.
1 Lauch	waschen, putzen, in Stücke schneiden.
1 kleinen Sellerie	waschen, putzen, schälen und in Stücke schneiden. Karotte, Lauch und Sellerie zu den Erbsen hinzufügen.
1 l Wasser	auffüllen und aufkochen lassen.
1 Suppen-Brühwürfel	in der Suppe auflösen, alles ca. 30 Minuten köcheln lassen, bis das Gemüse bissfest ist. Mit
Salz und Pfeffer	abschmecken.
Petersilie	für die Garnitur hacken.

Klößchen	
1 Ei	mit
etwas Milch und etwas Mehl	zu einem dickflüssigen Brei verrühren.
Salz, Muskat	hinzufügen. Mit einem Kaffeelöffel kleine Klößchen abstechen.

Fertigstellung

Klößchen in die Suppe geben und gar ziehen lassen. Erbsensuppe mit Petersilie bestreuen und servieren.

Bemerkungen

Eine Suppe, die auch Kinder super gerne essen ...!

Lieselotte Wannemacher

Bunter Salat vom Oberfeld

1 Kopfsalat	(oder 2 Hände voll Pflücksalat) waschen, vorsichtig trockenschütteln und kleinzupfen.
7 kleine Karotten	putzen und in dicke Scheiben schneiden.
6 Radieschen	ebenfalls putzen und in Scheiben schneiden.
½ rote Paprika	in Streifen schneiden.
½ Kohlrabi	(oder einen kleinen Kohlrabi) in Würfel schneiden.
3 Röschen Brokkoli	in kleine Röschen aufteilen.
1 junge Zwiebel	in Ringe schneiden.
Einige Borretschblätter	zum Garnieren
Einige Blütenblätter der Ringelblume	zum Garnieren

Dressing	
Salz und Pfeffer	mit
3 EL Sherry-Essig oder Zitronensaft	und
1 TL Honig	kräftig verrühren, anschließend
6 EL Sonnenblumen- oder Olivenöl	und
1 TL Kürbiskernöl	zugeben.
1 TL Senf	nach Belieben zufügen. Das Dressing wird dadurch etwas pikanter.

Fertigstellung

Gemüse/Salate auf Tellern anrichten, mit Dressing übergießen und mit Borretschblättern und Blütenblättern der Ringelblume garnieren.

Bemerkungen

im Lauf des Gartenjahres müssen immer weniger Zutaten zugekauft werden. Es ist auch möglich diese durch aktuell reife Gemüse zu ersetzen oder wegzulassen.

Familie Sieke

Spanischer Kartoffelsalat (Ensaladilla Rusa)

600 g festkochende Kartoffeln	mit der Schale waschen. In kaltem Wasser aufsetzen und 25 - 30 Minuten kochen lassen. Wasser abschütten, Kartoffeln abkühlen lassen und schälen. In ca. 1 x 1 cm große Würfel schneiden. In eine Schüssel füllen und mit
4 EL weißem Balsamico-Essig	übergießen. Erbsen aus
250 g Erbsenschoten	lösen.
250 g Karotten	waschen und putzen. Erbsen und Karotten ca. 5 - 10 Minuten kochen. Abkühlen lassen. Karotten würfeln. Erbsen und Karotten zu den gewürfelten Kartoffeln geben.

4 EL Olivenöl	mit zusätzlichem
Essig	nach Bedarf mischen und mit
Salz und Pfeffer	abschmecken. Unter den Kartoffelsalat mischen.

Bemerkungen

Kann mit hart gekochtem Ei und Petersilie verziert werden. Statt Olivenöl kann auch Mayonnaise verwendet werden.

Brokkoli-Salat

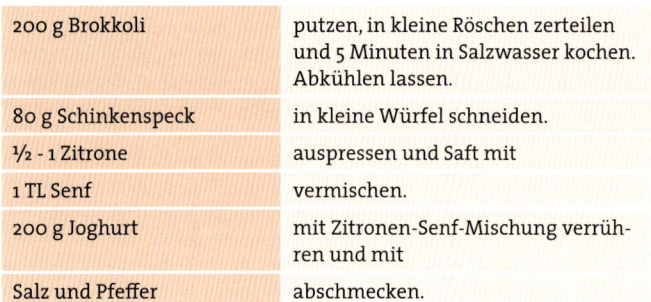

200 g Brokkoli	putzen, in kleine Röschen zerteilen und 5 Minuten in Salzwasser kochen. Abkühlen lassen.
80 g Schinkenspeck	in kleine Würfel schneiden.
½ - 1 Zitrone	auspressen und Saft mit
1 TL Senf	vermischen.
200 g Joghurt	mit Zitronen-Senf-Mischung verrühren und mit
Salz und Pfeffer	abschmecken.

Fertigstellung

Brokkoli auf Tellern anrichten, Schinken-Würfel darüber streuen und mit Joghurt-Sauce übergießen.

Bemerkungen

Eignet sich gut für die kleinen nachgewachsenen Brokkoli-Triebe, die auf die ersten abgeernteten großen Brokkoli-Köpfe folgen.

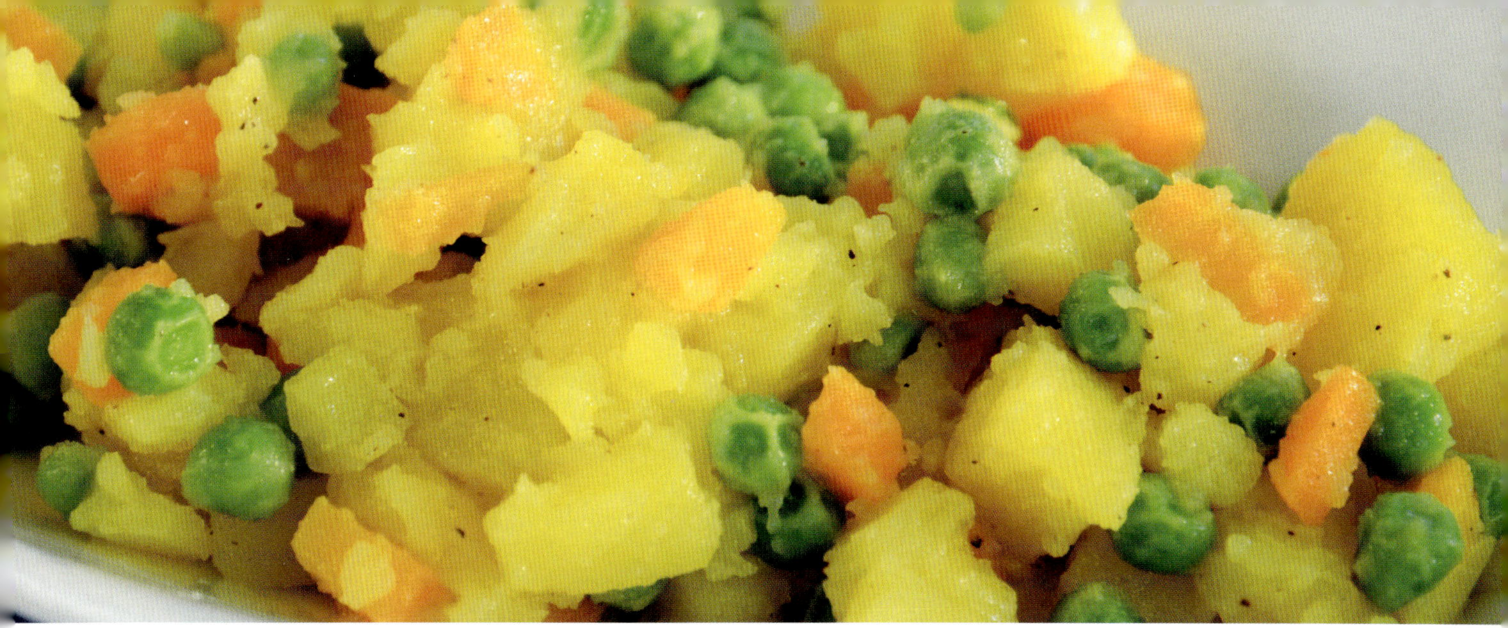
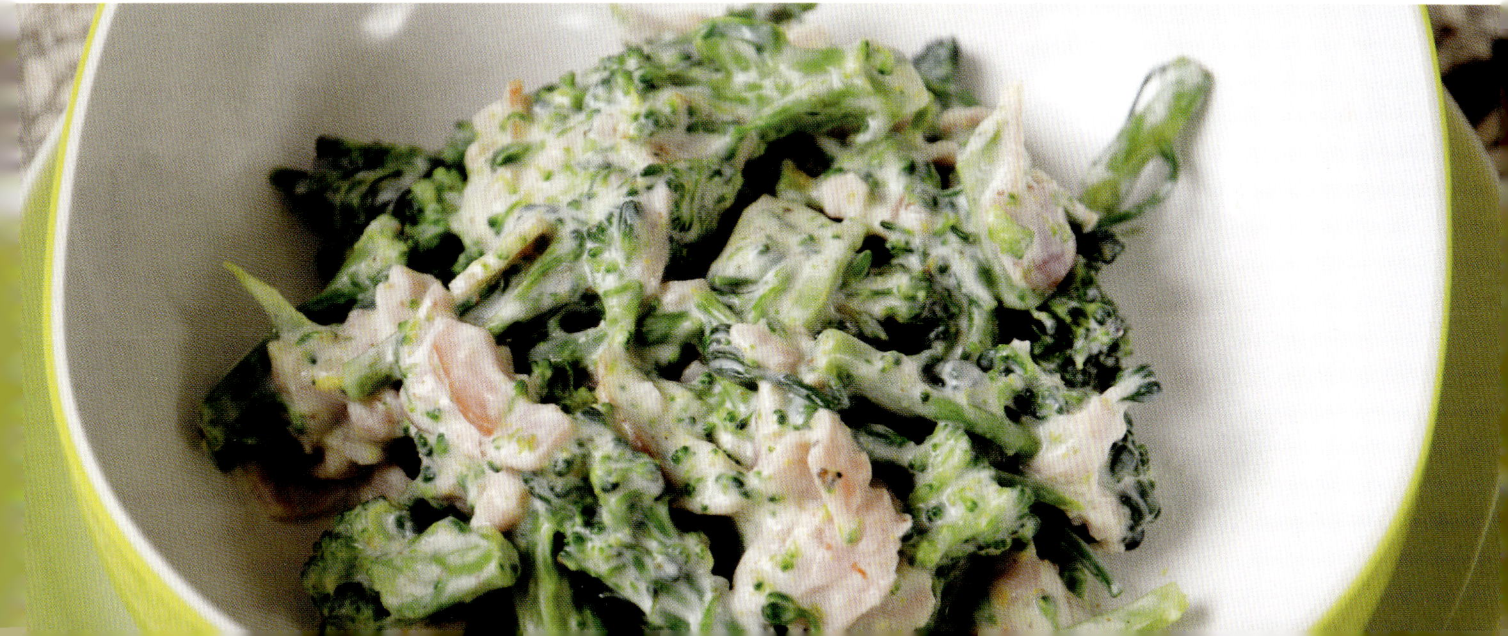

Couscous-Salat

200 g Couscous	nach Packungsanleitung garen und abkühlen lassen.
8 schwarze Oliven	kleinschneiden.
1 kleine Frühlingszwiebel	in feine Ringe schneiden (wenn es keine Frühlingszwiebeln mehr gibt, Zwiebel besser weglassen).
1 Tomate	in kleine Würfel schneiden.
Je ½ rote und grüne Paprika	putzen und in kleine Würfel schneiden.
	Alle Zutaten unter den Couscous mischen.
½ - 1 Bio-Zitrone	auspressen und den Saft mit

4 EL Olivenöl	mischen. Mit
Salz, Pfeffer, Chiliflocken, 1 Prise Zimt	abschmecken und über die Couscous-Gemüsemischung gießen.
Je 1 Handvoll Minzeblätter und glatte Petersilie	kleinhacken und unter den Couscous mischen.

Bemerkungen
Schmeckt sehr erfrischend.

Ausgebackene Zucchiniblüten

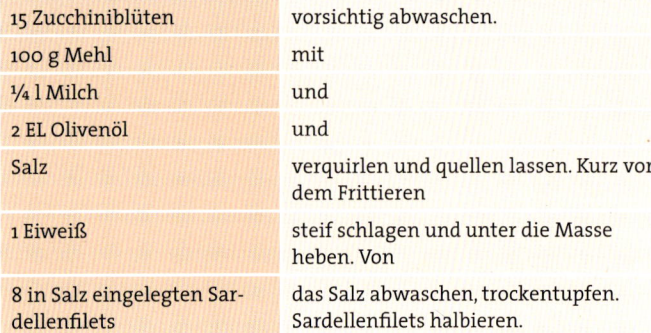

15 Zucchiniblüten	vorsichtig abwaschen.
100 g Mehl	mit
¼ l Milch	und
2 EL Olivenöl	und
Salz	verquirlen und quellen lassen. Kurz vor dem Frittieren
1 Eiweiß	steif schlagen und unter die Masse heben. Von
8 in Salz eingelegten Sardellenfilets	das Salz abwaschen, trockentupfen. Sardellenfilets halbieren.

60 g Mozzarella	in 15 kleine Würfel schneiden und in jede Zucchiniblüte vorsichtig 1 Sardellen- und 1 Mozzarellastück stecken.
Öl zum Frittieren	in einer Pfanne erhitzen.

Fertigstellung
Die gefüllten Blüten in der Frittiermasse aus Mehl, Milch, Olivenöl, Salz und Eiweiß wenden. Die Zucchiniblüten im heißen Öl kurz frittieren, das überflüssige Öl auf Küchenpapier abtropfen lassen und heiß servieren.

Varianten
Die Zucchiniblüten mit einer Mischung aus gekochten Kartoffelstücken und Blauschimmelkäse füllen.

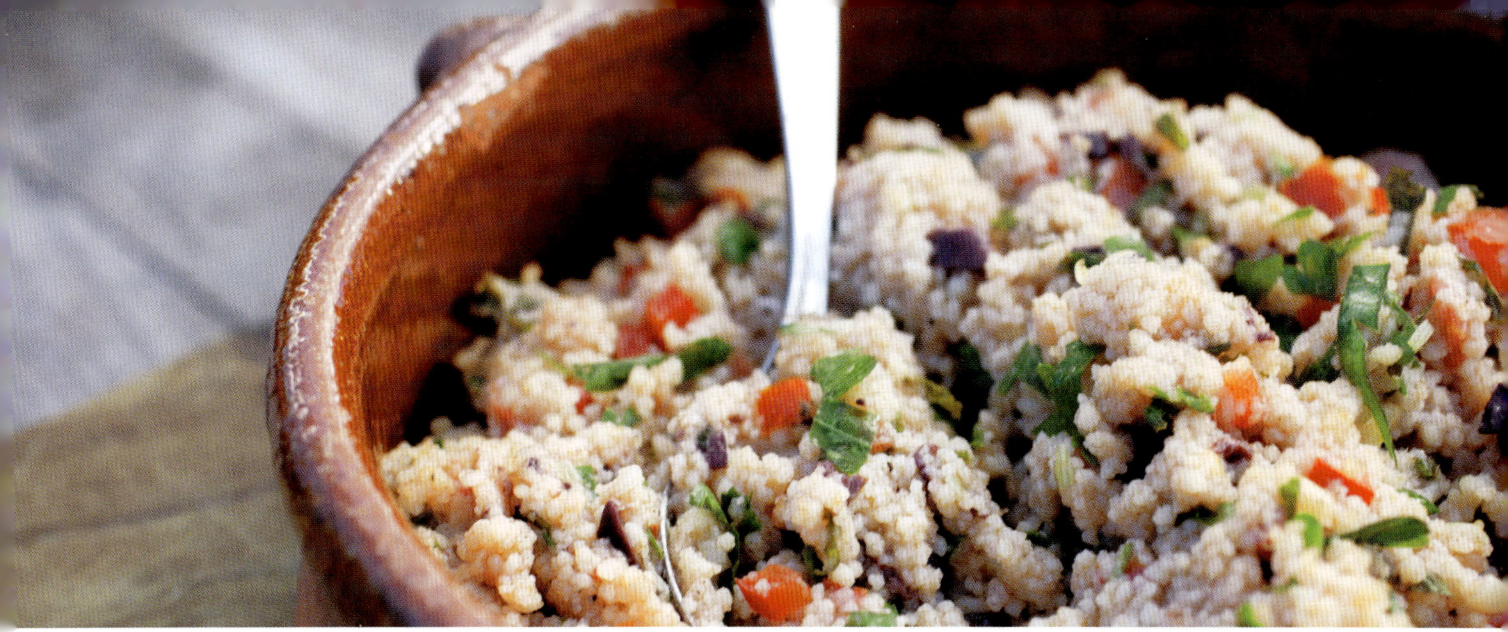

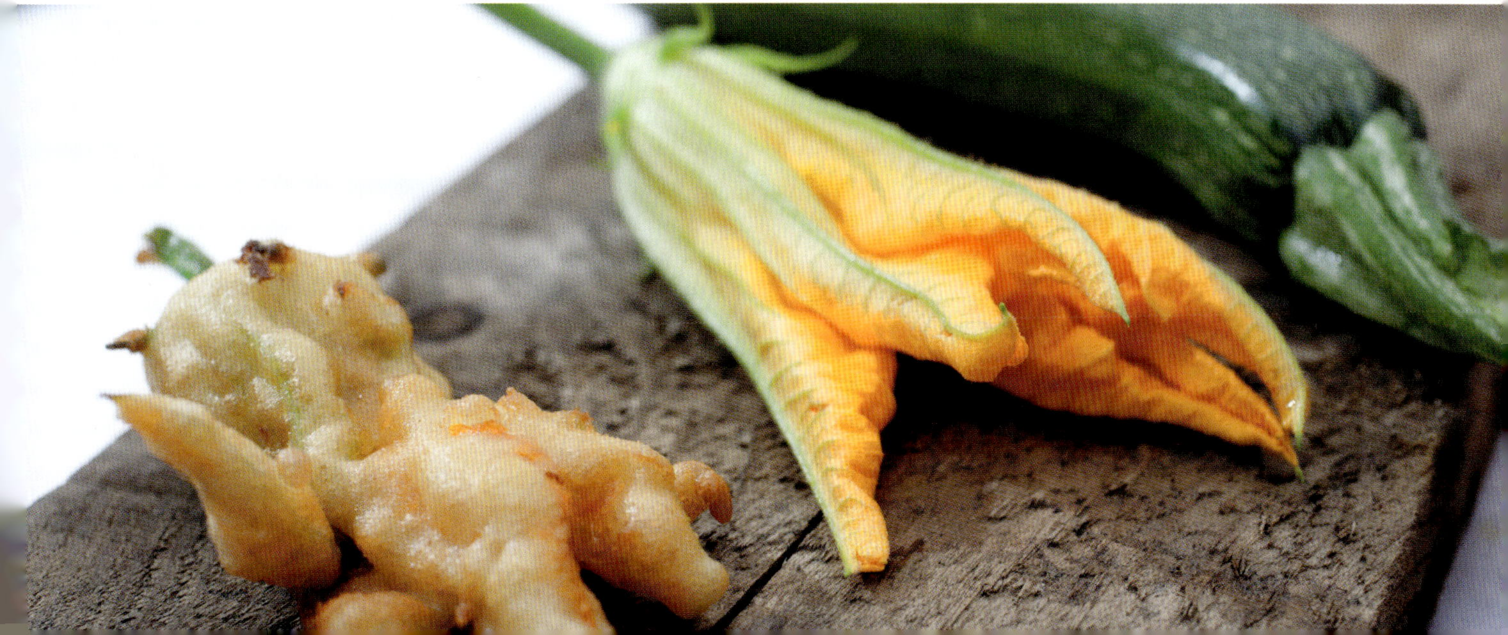

Kohlrabi-Salat vietnamesisch

Vorbereitung	
1 großen Kohlrabi	in feine Längsstreifen hobeln.
2 - 3 große Karotten	in feine Längsstreifen hobeln.
2 - 3 EL Kräuter	Minze und Basilikum sowie vietnamesischen Koriander (Rau Ram) in Streifen schneiden.

Salat-Sauce	
½ TL Salz	mit
2 TL Zucker	mischen.
frisches Chili	in Streifen schneiden und nach Belieben zufügen (scharf!).
2 - 3 EL Wasser	hinzufügen, mischen und mit
1 TL weißem Balsamico-Essig oder Limettensaft	verrühren.

Fertigstellung

Kohlrabi- und Karottenstreifen mit einem Teil der Kräuter mischen. Salat-Sauce sofort über die Kohlrabi-, Karottenstreifen gießen, damit die Kohlrabi nicht dunkel werden. Mit den restlichen Kräutern garnieren.

Bemerkungen

Vietnamesischer Koriander kann auch im Saisongarten gepflanzt werden. Man muss ihn nur rechtzeitig pflanzen. Das Rezept kann auch ohne Rau Ram zubereitet werden.

Varianten

Der Salat kann noch mit kurz angebratenen längs halbierten Krabben garniert werden. In Vietnam wird der Salat auf Krabben-Chips gegessen.

Yen

Fenchel-Salat

2 - 3 Fenchelknollen	kleinschneiden oder hobeln.
½ Apfel	in kleine Stücke schneiden.
4 Aprikosen	kleinschneiden. Wenn keine Aprikosen verfügbar sind, anderes Obst der Saison verwenden.
½ Bio-Zitrone	auspressen und mit
Salz, Pfeffer, Curry, 1 Prise Zucker	würzen.
3 EL bestes Olivenöl	mit
1 EL Balsamico Essig	mischen und damit den Salat abschmecken.

Gabi Bühler

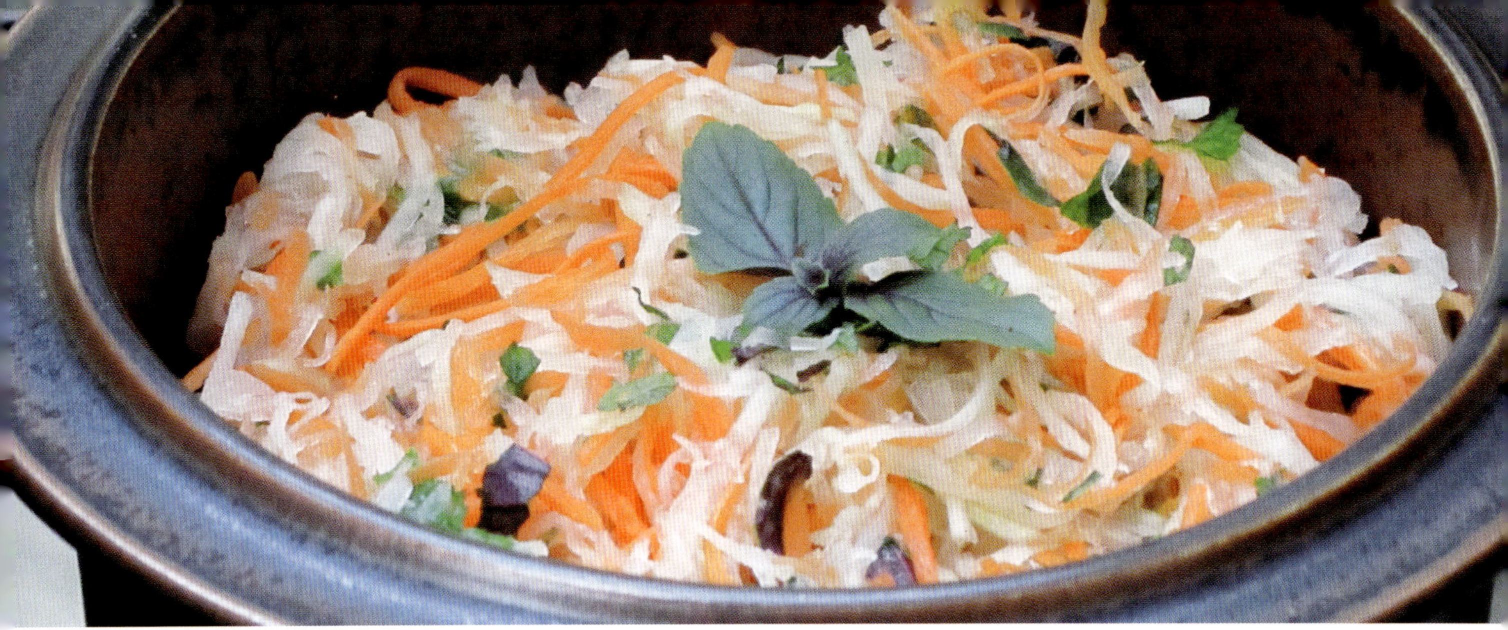

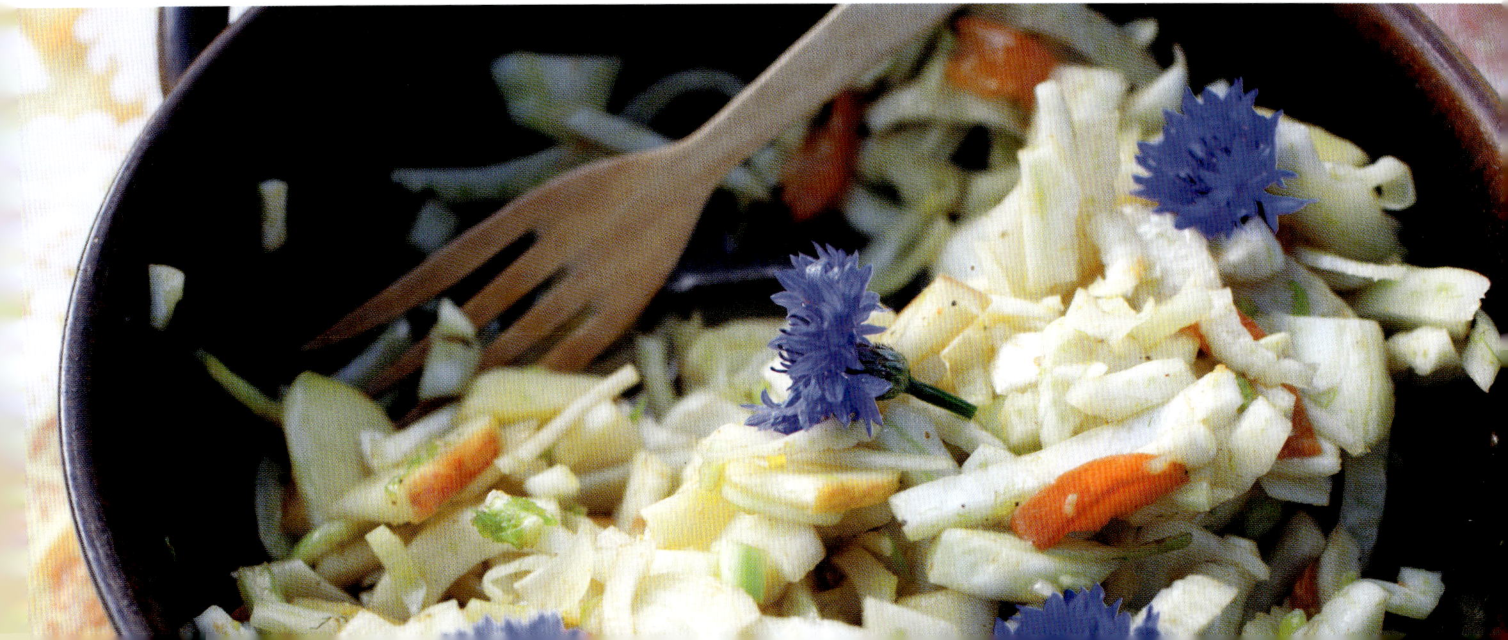

Reisnudelsalat mit Gurke und Rettich

Salat	
160 g asiatische Reis-Spaghetti	in 3 Teile brechen, nach Anweisung auf der Packung kochen. Mit kaltem Wasser abschrecken und abkühlen lassen.
200 g Bio-Salatgurke	und
10 Radieschen oder 100 g Rettich	waschen, putzen und in feine Streifen schneiden.
20 g Ingwer	schälen und fein hacken.
2 EL Korianderblätter	fein hacken.

Salat-Sauce	
4 EL Soja-Sauce	mit
½ TL Zucker	anrühren.
5 EL Olivenöl	hinzugeben.
½ - 1 Bio-Zitrone	auspressen und Saft zur Soße geben. Mit
¼ TL Chiliflocken	nach Geschmack würzen.
	Alle Zutaten für die Salat-Sauce verrühren.

Fertigstellung

Reis-Spaghetti mit Gurken-, Radieschen- oder Rettichstreifen, Ingwer und Korianderblättern mischen. Salat mit der Salat-Sauce anmachen. Bei Bedarf noch etwas Salz hinzufügen.

Bemerkungen

Schmeckt wunderbar erfrischend an einem warmen Sommerabend. Wer es mag, kann auch noch ein paar dünn geschnittene Karottenstreifen hinzufügen. Noch besser schmeckt der Salat mit asiatischen Glasnudeln, wir haben diese aber noch nicht in Bio-Qualität gefunden und verwenden deshalb Bio-Reis-Spaghetti.

Zucchini-Flan

500 g Zucchini	waschen, Stielansatz entfernen, grob raspeln.
4 Eier	verquirlen, geraspelte Zucchini unterrühren.
25 g getrocknete Tomaten	kleinschneiden und unter die Zucchini-Masse rühren. Von
1 großem Zweig Basilikum	die Blätter abstreifen, waschen, grob hacken.
1 Knoblauchzehe	kleinschneiden.
50 g Parmesan	fein reiben und mit
2 TL Kräuter der Provence oder Duft der Macchia	und frischem Basilikum, sowie Knoblauch unter die Zucchini-Masse rühren. Mit
Salz und Pfeffer	würzen,
1 EL Olivenöl	hinzufügen und
ca. 40 g Semmelbrösel	unterrühren.

Fertigstellung
Auflaufform mit Olivenöl einstreichen, Zucchini-Masse darin verteilen und ca. 30 - 40 Minuten bei 200 Grad im Backofen backen.

Bemerkungen
Wenn die Zucchini-Masse zu flüssig ist, mehr Semmelbrösel oder Parmesan hinzufügen. Schmeckt warm, lauwarm oder kalt. In kleine Vierecke geschnitten, kann der Zucchini-Flan auch als Fingerfood serviert werden.

Varianten
Man kann auch kleingeschnittene Sardellen-Filets in die Masse einrühren und mitbacken. Wenn die Sardellen-Filets in Salz konserviert wurden, schmeckt es am besten. Vorher muss das Salz abgewaschen werden.

Salat Niçoise

Vorbereitung der Zutaten	
4 mittelgroße festkochende Kartoffeln	waschen und in der Schale garkochen, abkühlen lassen, schälen, halbieren und in Scheiben schneiden.
250 g grüne Bohnen	waschen, putzen, dritteln und 20 Minuten kochen.
2 Eier	hart kochen. In Viertel schneiden.
1 große Zwiebel	schälen, halbieren und in dünne halbe Ringe schneiden.
1 Land-Gurke	schälen, halbieren, in 0,5 cm breite Scheiben schneiden.
4 mittelgroße Tomaten	waschen, in Achtel schneiden.
1 Paprika	waschen und in Streifen schneiden.
½ Kopfsalat oder die entsprechende Menge Pflücksalat	waschen, putzen, in mundgerechte Stücke zerteilen.
8 Sardellen	in kleine Stücke schneiden. Von
1 Dose Thunfisch naturell (ca. 120 g)	die Flüssigkeit abgießen, Fisch in ca. 1 x 1 cm große Stücke schneiden.
Ca. 50 g kleine schwarze Oliven	bereitstellen.
1 Bund glatte Petersilie	waschen, grob hacken.
2 Stängel Basilikum	waschen, Blätter abzupfen.

Salat-Sauce (Vinaigrette)	
6 EL Olivenöl	Aus den Zutaten eine Salat-Sauce mischen.
2 EL Wein-Essig	So lange verrühren, bis die Sauce dickflüssig geworden ist.
1 TL scharfer Senf (Dijon-Senf)	
1 Knoblauchzehe (zerdrückt)	
Salz, Pfeffer	

Fertigstellung

In einer großen Salatschüssel zuerst den Salat anrichten. Darauf die weiteren Salat-Zutaten gleichmäßig verteilen. Mit den Ei-Vierteln garnieren, Petersilie und Basilikum darüber streuen. Die Salat-Sauce darübergießen und servieren.

Bemerkungen

Der Aufwand zur Herstellung dieses Salates lohnt sich. Dazu passen ein Weizen-Baguette und ein gut gekühlter Rosé-Wein.

Italienischer Bohnen-Salat

Ca. 500 g grüne Bohnen	putzen, Stielenden entfernen, in ca. 5 cm lange Stücke schneiden und in
Salzwasser	ca. 15 - 20 Minuten garen. Wasser abgießen. Bohnen abkühlen lassen.
4 - 5 Tomaten	in Stücke schneiden und zu den Bohnen hinzufügen.
1 Zwiebel	kleinschneiden,
1 Knoblauchzehe	kleinhacken und hinzufügen.
6 EL Olivenöl	mit
4 EL weißem Balsamico- oder Obstessig	mischen. Mit
Salz und Pfeffer	abschmecken.

Frische Kräuter	z.B. Basilikum, Thymian, glatte Petersilie, - auf jeden Fall Bohnenkraut - unter den Salat mischen und alles am Ende nochmals abschmecken.

Bemerkungen

Besonders köstlich schmeckt der Bohnen-Salat, wenn er einige Stunden durchziehen kann.

Varianten

Man kann zusätzlich noch Kartoffeln unter den Salat geben. Dazu kocht man Pellkartoffeln, schält diese und schneidet die Pellkartoffeln in dickere Scheiben. Als weitere Variante kann man auch Mozzarella-Stücke untermischen.

Frauke Stolzmann

Bohnensuppe nach Omas Art

500 g grüne Bohnen	waschen und in kleine, löffelgerechte Stücke schneiden.
200 g geräucherten Bauchspeck	in Stücke schneiden.
2 Zwiebeln	schälen und kleinschneiden.
2 EL Öl	erhitzen. Bauchspeck und Zwiebeln im Öl anbraten. Die Bohnen kurz in Öl andünsten und dann mit Wasser ablöschen. Das Wasser muss das Gemüse gut bedecken. 15 - 20 Minuten köcheln lassen. Vom
Bohnenkraut	Blättchen abzupfen und dazugeben. Mit
Salz und Pfeffer	abschmecken.

10 kleine Tomaten	in Stücke schneiden und kurz mitköcheln lassen.
1 Tasse Milch	in die klare Suppe geben und kurz mitköcheln.

Varianten

Wer die Suppe sämiger haben möchte, kann mit Mehl etwas binden. Dazu gewünschte Menge Mehl mit der Milch anrühren und unter die Suppe rühren.

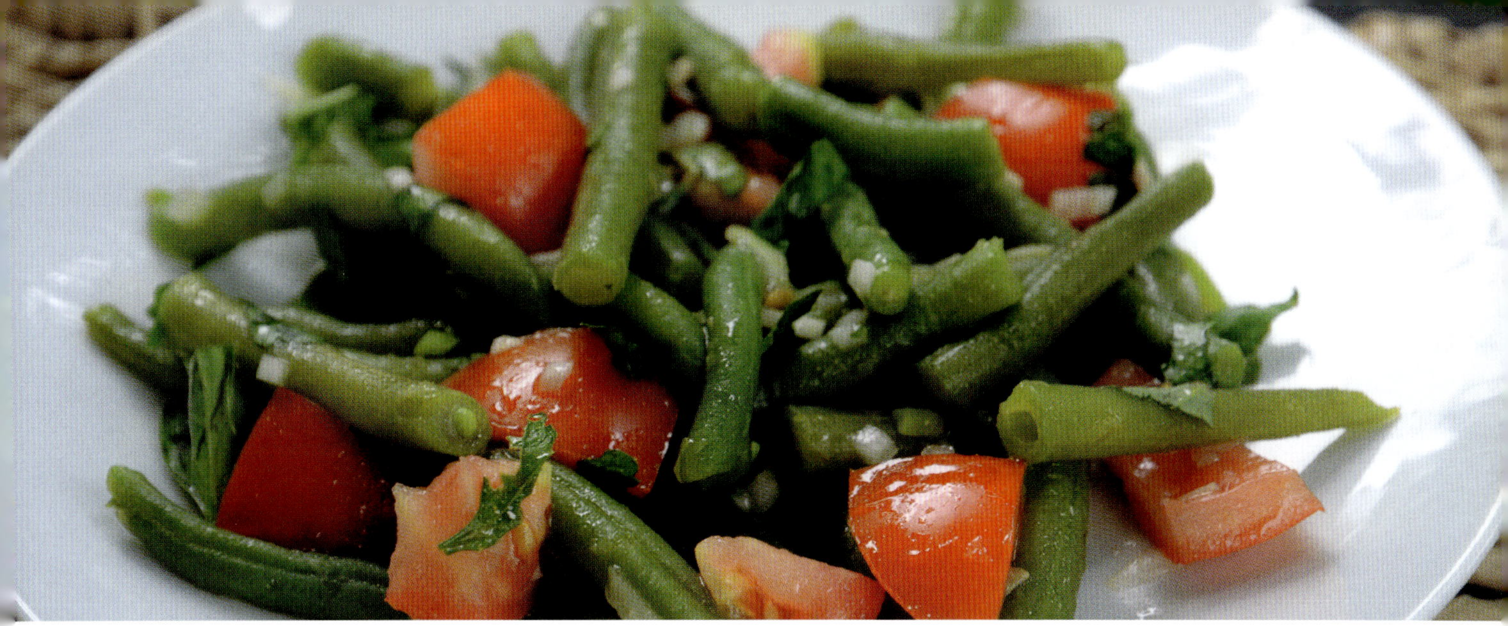

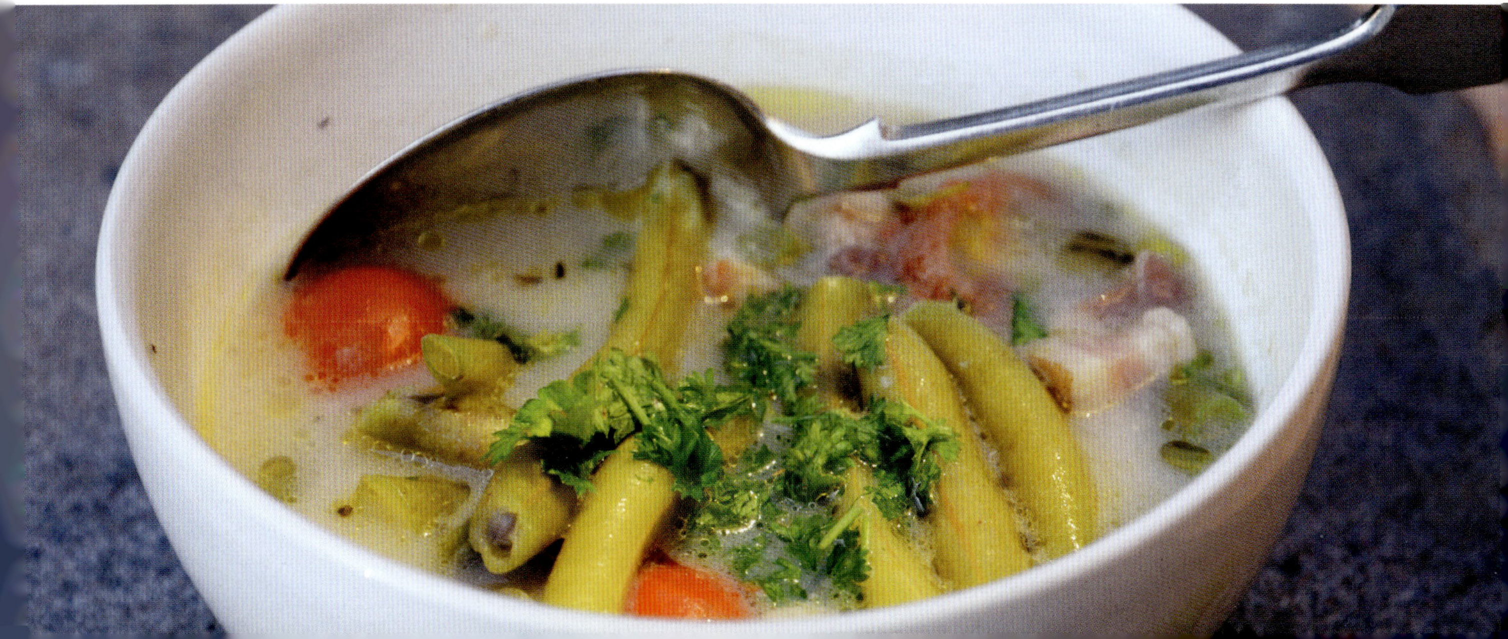

Blätterteig-Küchlein

1 Packung Tiefkühl-Blätterteig	nach Anleitung auf der Packung verarbeiten. Gewünschte Anzahl und Formen für die Küchlein ausrollen und in Backförmchen geben, nach Wunsch z.B. belegen mit:

Tomaten-Ziegenkäsebelag (Mengen, entsprechend Anzahl und Größe der Küchlein)	
Tomaten	in Scheiben schneiden,
Ziegenfrischkäse	darüberbröseln, mit
Salz, Pfeffer, Thymian	würzen und
einen Schuss Olivenöl	darübergeben.

Paprika-Belag (Mengen, entsprechend Anzahl und Größe der Küchlein)	
Rote, gelbe und grüne Paprika	waschen, Kerngehäuse entfernen und in längliche Streifen schneiden. Parallel auf die Blätterteigküchlein legen.
1 kleines Stück Ingwer	in sehr kleine Würfel schneiden und gleichmäßig über die Paprika verteilen.
Feta (Schafskäse)	in kleine Würfel schneiden und über die Paprika verteilen.
Salz, Pfeffer	auf die Paprika geben und
einen Schuss Olivenöl	darübergeben.

Oliven-Zucchini-Belag (Mengen, entsprechend Anzahl und Größe der Küchlein)	
Oliven-Tapenade	dünn auf dem Blätterteig verteilen,
kleine Zucchini	in dünne Scheiben schneiden und dachziegelartig auf der Oliven-Tapenade verteilen, so dass diese nicht mehr sichtbar ist. Mit
Salz, Pfeffer, Kräutern	bestreuen,
einen Schuss Olivenöl	darübergeben.

Fertigstellung
Blätterteig-Küchlein nach Packungsanleitung bei der empfohlenen Temperatur backen. Bei manchen Blätterteigarten den Teig kurz vorbacken.

Bemerkungen:
Schmeckt warm, lauwarm und kalt.

Varianten
statt Oliven-Tapenade kann auch unser Saisongarten-Pesto mit Ziegenkäse unter die Zucchini gegeben werden. Es gibt unzählige Varianten. Am besten nach Lust, Laune und Ernte ausprobieren.

Teigtäschlein mit Gemüse

Hefeteig
gleiches Rezept wie für die Pizza Saisongarten

Mangold Füllung	
1 EL Olivenöl	erhitzen.
Je ½ Knoblauchzehe und Zwiebel	in kleine Würfel schneiden und im Öl anbraten.
70 g Mangold	in Streifen schneiden und mitdünsten.
1 kleine Tomate	in feine Würfel schneiden und 5 Minuten mitköcheln lassen.
30 g festen Schafskäse	reiben und unter die Masse rühren. Mit
Salz und Pfeffer	abschmecken.

Paprika-Zwiebel-Füllung	
1 EL Olivenöl	erhitzen.
1 kleine Zwiebel	in Würfel schneiden und im Öl anbraten.
100 g rote Paprika	putzen, Kerngehäuse entfernen, in Würfel schneiden und mitdünsten.
1 kleine Tomate	würfeln, hinzufügen und 3 - 5 Minuten köcheln lassen.
30 g Parmesan	reiben und unter die Masse rühren.
Einige Basilikumblätter	in Streifen schneiden und hinzufügen. Mit
Salz, Pfeffer und Chiliflocken	abschmecken.

Mozzarella-Schinken-Füllung	
1 Mozzarella	in Stücke schneiden.
50 g Schinken (roh oder gekocht)	in kleine Stücke schneiden.
Rucola	in beliebiger Menge in Streifen schneiden. Mit
Salz und Pfeffer	würzen.

Fertigstellung
Backofen auf 220 Grad vorheizen. Den Hefeteig entsprechend der Anzahl der Füllungen in gleiche Stücke aufteilen (für die Füllungen oben: 3 Teile) Ca. 3 mm dick ausrollen. Kreise von ca. 10 - 11 cm Durchmesser ausstechen. Füllung in die Mitte der Kreise geben. Ein Rand von mindestens 1 cm muss frei bleiben. Den Teig mit der Füllung zu Halbkreisen zusammenklappen, die Teigränder gut zusammendrücken und mit einem Rädchen oder Messer halbrund abschneiden. Nach Belieben mit wenig Olivenöl oder Ei bestreichen. Auf einem mit Öl eingefetteten Backblech bei 220 Grad für ca. 20 Minuten backen, bis die Teigtäschlein an der Oberfläche leicht gebräunt sind.

Varianten
Bei der Komposition der Füllungen sind keine Grenzen gesetzt – nach Saisongarten-Ernte ausprobieren!

Vincenzos sizilianischer (Holzkohlen-) Grillsalat

1 Aubergine	putzen.
1 kleine Zucchini	putzen. Aubergine und Zucchini der Länge nach mit einem Spargelschäler oder mit einem scharfen Messer in hauchdünne ca. 4 - 5 mm dicke Scheiben schneiden und auf dem Grill fein anrösten (Achtung, nicht verbrennen!)
1 - 2 grüne oder rote Paprika	ganz auf den Grill legen und gleichmäßig von allen Seiten so lang anrösten, bis sich die Schale mit einem Messer abziehen lässt. Das gegrillte Gemüse auf Küchenpapier auskühlen lassen (etwas klein zupfen oder schneiden), die geschälte Paprika vom Kerngehäuse befreien und längs in ca. 5 mm dicke Streifen schneiden.
1 rote Zwiebel	in feinste Ringe schneiden und in
etwas Rotweinessig/Balsamico, alternativ: Limettensaft	einlegen, bis sie ihre Schärfe verliert. Anschließend das gegrillte und abgekühlte Gemüse unter die Zwiebelvinaigrette heben.
1 Hand voll frische Pfefferminze und Petersilie kraus oder glatt	waschen, Blätter abzupfen, abtrocknen und hacken.
Oregano, Thymian, getrocknetes Bergbohnenkraut	nach Belieben hinzufügen. Zum Schluss mit gutem
Olivenöl	beträufeln und mit
grobem Meersalz und Pfeffer	(Fleur de Sel) abschmecken.

Varianten

Das Gemüse lässt sich auch in einem Backofen grillen. Hierzu das Gemüse vorher mit etwas Olivenöl bestreichen. Bei dieser Variante fehlen allerdings die würzigen Aromen vom Holzkohlengrill.

Bemerkungen

Vincenzo ist ein Freund aus Sizilien. Er hat diesen Salat immer sehnsuchtsvoll bei hiesigen Grillabenden gezaubert, mit dem, was gerade da war. Dies war seine Art, dem Heimweh, das er hier hatte, zu begegnen. Wichtig sind bei diesem Rezept die ganz frischen Kräuter, denn diese machen den Salat letztendlich aus. Jetzt wohnt Vincenzo wieder bei Palermo auf dem Land und kann, was die Zutaten angeht – wie wir im Saisongarten – aus dem Vollen schöpfen.

Ulla Bruno und Stephan Kohn

Caponata (süßsaures Gemüse)

3 mittelgroße Auberginen	längs vierteln und in 1 cm große Stücke schneiden.
400 g Zucchini	längs vierteln und in 1 cm breite Streifen schneiden.
3 mittlere Paprika (rot, gelb, grün)	halbieren, Kerngehäuse und Strunk entfernen und in 1 cm breite Streifen schneiden.
1 große Zwiebel	halbieren und in Scheiben schneiden.
2 Knoblauchzehen	grob hacken.
6 - 8 EL Olivenöl	in einer Pfanne erhitzen.
2 EL Pinienkerne	im Olivenöl anrösten bis sie leicht angebräunt sind. Danach alle Gemüse hinzufügen.
6 mittelgroße Tomaten	kleinschneiden und dazugeben, ca. 10 Minuten leicht köcheln lassen.
1 EL Kapern	grob hacken und zum Gemüse geben.
2 EL Zucker	und
100 ml weißen Balsamico-Essig	über das Gemüse geben und weitere 15 - 20 Minuten bei schwacher Hitze köcheln. Ab und zu umrühren.
Einige Basilikum-Blätter	zum Dekorieren waschen.

Fertigstellung

Vom Herd nehmen und in einer Schüssel anrichten. Vor dem Servieren mit frischen Basilikum-Blättern garnieren.

Bemerkungen

Schmeckt warm, lauwarm oder kalt. Am besten ist die Caponata, wenn sie einige Stunden oder über Nacht durchgezogen ist.

Oberfeld-Taco

1 - 2 EL Öl	in einer Pfanne erhitzen.
1 Zwiebel	kleinschneiden und im Öl anbraten.
200 g Hackfleisch oder Bratwurstfüllsel oder Hühnerfleisch	dazugeben und mitgaren.
1 Zucchini	kleinschneiden. Von
1 Maiskolben	die Körner abstreifen.
2 Paprika	kleinschneiden.
1 Aubergine	kleinschneiden.
ggf. Tomaten	kleinschneiden und nach Belieben mit
weiteren Gemüsen je nach Erntezeit	zum Fleisch und den Zwiebeln in die Pfanne geben und ca. 20 Minuten bei mittlerer Hitze dünsten. Mit
Salz, Pfeffer und Chili	nach Bedarf (mexikanisch scharf) würzen.
Ca. 8 - 12 fertige Taco Shells	ca. 3 Minuten im Ofen erwärmen, anschließend mit
Salatblättern	auslegen und mit dem Pfanneninhalt befüllen.

Bemerkungen

Bei der vegetarischen Variante wird das Fleisch weggelassen. Man kann dann rote Bohnen oder Tofu verwenden. Wenn das Gemüse zu trocken oder zu scharf geworden ist, kann Joghurt hinzugefügt werden.

Varianten

Statt in Tacos kann der Inhalt auch in Wraps oder in Pita-Taschen gefüllt werden.

Kalte Karottencreme für warme Tage

500 g Karotten	putzen und kleinschneiden.
1 Sellerieknolle	putzen und kleinschneiden.
	Karotten und Sellerie ca. 15 - 20 Minuten in Salzwasser weich kochen (Im Dampfkochtopf ca. 7 Minuten). Gemüsewasser in ein Gefäß abschütten. Gemüse fein pürieren. Je nach gewünschter Konsistenz, Gemüsewasser zufügen. Mit
Salz und Pfeffer	abschmecken.
2 - 3 Zitronen	auspressen und Zitronensaft zur Karottencreme geben.
1 Zwiebel	kleinschneiden und in ein Gefäß zum Servieren geben.
1 Bund Petersilie	kleinschneiden und in ein Gefäß zum Servieren geben.
2 Eier	hart kochen, kleinschneiden und in ein Gefäß zum Servieren geben.

Fertigstellung

Diese Karottencreme wird kalt gegessen, ähnlich wie der spanische Gazpacho. Zwiebel, Petersilie und Eier (klein geschnittene Salatgurken sind auch lecker) werden dann je nach individueller Vorliebe den Suppentellern zugegeben. Zur Dekoration der Suppe können auch Zitronenscheiben und Petersilie verwendet werden.

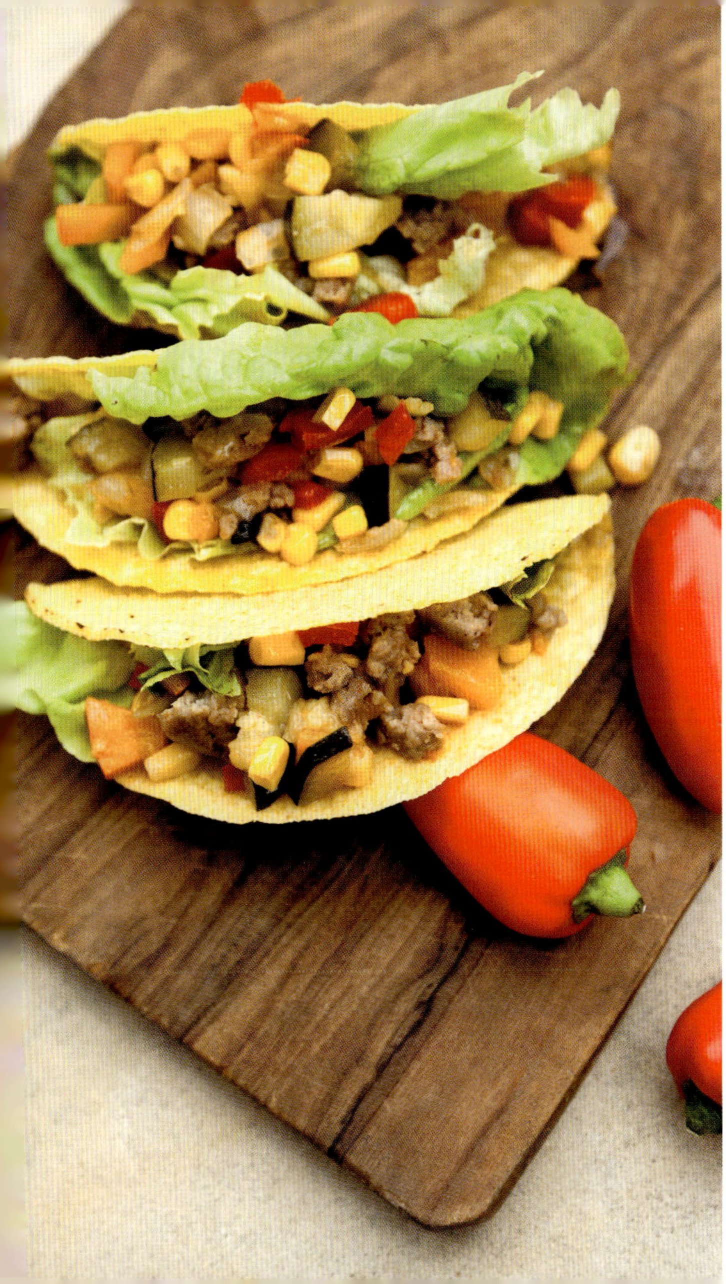
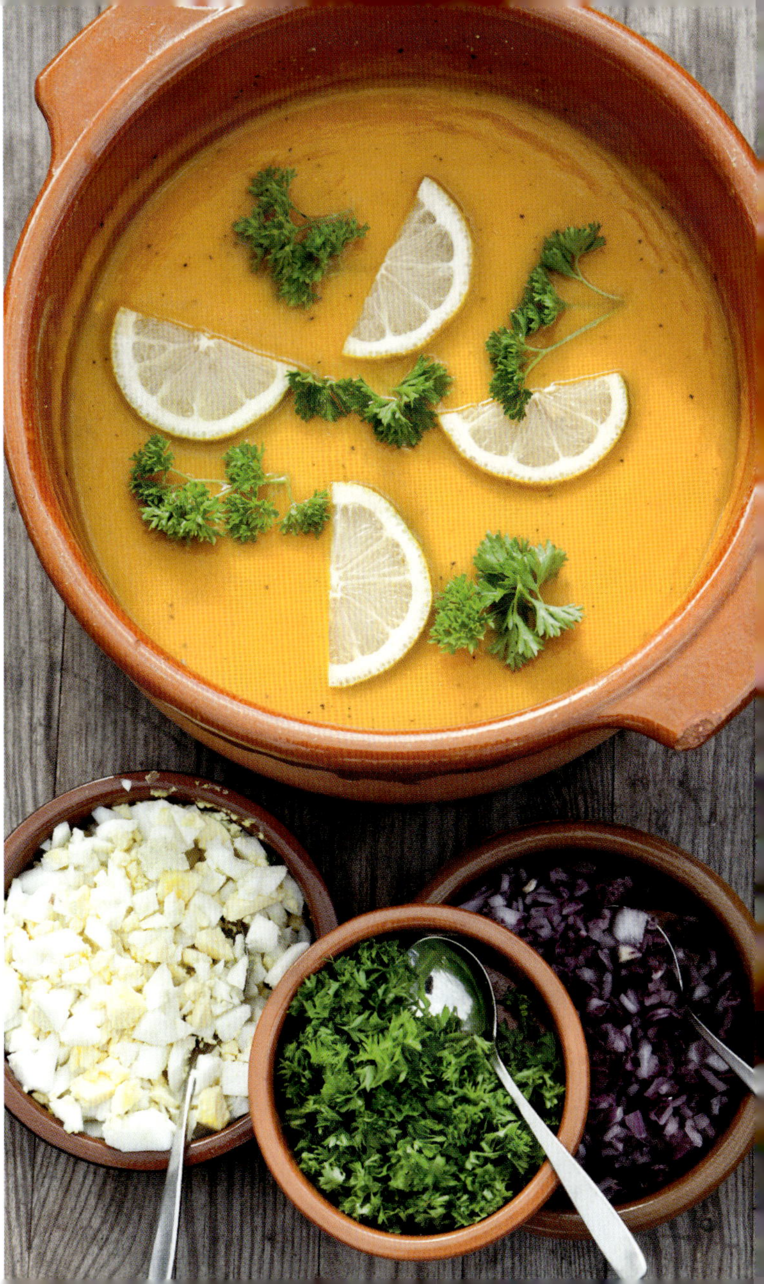

Karottencreme-Suppe

1 Zwiebel	schälen und würfeln.
1 kleine Stange Lauch	putzen und fein schneiden.
1 rote Chilischote	halbieren, entkernen und in feine Streifen schneiden.
5 Karotten	schälen und grob würfeln.
3 mehligkochende Kartoffeln	schälen und grob würfeln.
1 EL Butter	in einem Topf zerlassen. Zwiebelwürfel und Lauch mit den Chilistreifen 2 Minuten dünsten. Karotten und Kartoffeln zugeben und 2 Minuten mitdünsten. Alles mit
700 ml Gemüsebrühe	aufgießen und zugedeckt bei mittlerer Hitze 20 Minuten köcheln. Suppe pürieren.

200 ml süße Sahne	zufügen und nochmals kurz aufkochen lassen. Mit
Salz, Pfeffer und Muskat	abschmecken.
4 Speckstreifen	anbraten. Von
5 Zweigen frischem Kerbel	Blätter abzupfen.

Fertigstellung
Die Suppe mit angebratenen Speckstreifen und Kerbelblättchen garnieren.

Varianten
Statt mit Speckstreifen kann die Suppe auch mit angebratenen Gemüsechips serviert werden.

Daria Höfler-Lai

Pastinaken nach „morgenländischer Art"

1 kg Pastinaken	putzen, schälen, in 1 cm große Würfel schneiden. In Salzwasser ca. 10 Minuten bissfest kochen. Wasser abgießen.
180 ml Olivenöl	in der Pfanne erhitzen.
Je 1 EL Paprikapulver (rosenscharf), Kurkuma, Currypulver, Schwarzkümmel	Alle Gewürze dazugeben, kurz anrösten.
1 TL Salz	
2 TL Zimtpulver	
4 Limetten	auspressen. Den Limetten-Saft und
3 - 4 EL Agavensirup oder Honig	sowie die Pastinaken hinzugeben.
	Alles vermengen und abkühlen lassen.

Fertigstellung
Mindestens 1 Stunde im Kühlschrank marinieren lassen.

Bemerkungen
Kalt als Vorspeise oder warm zu Reis oder Fisch genießen. Rezept reicht für 4 - 6 Personen.

Simone Serba

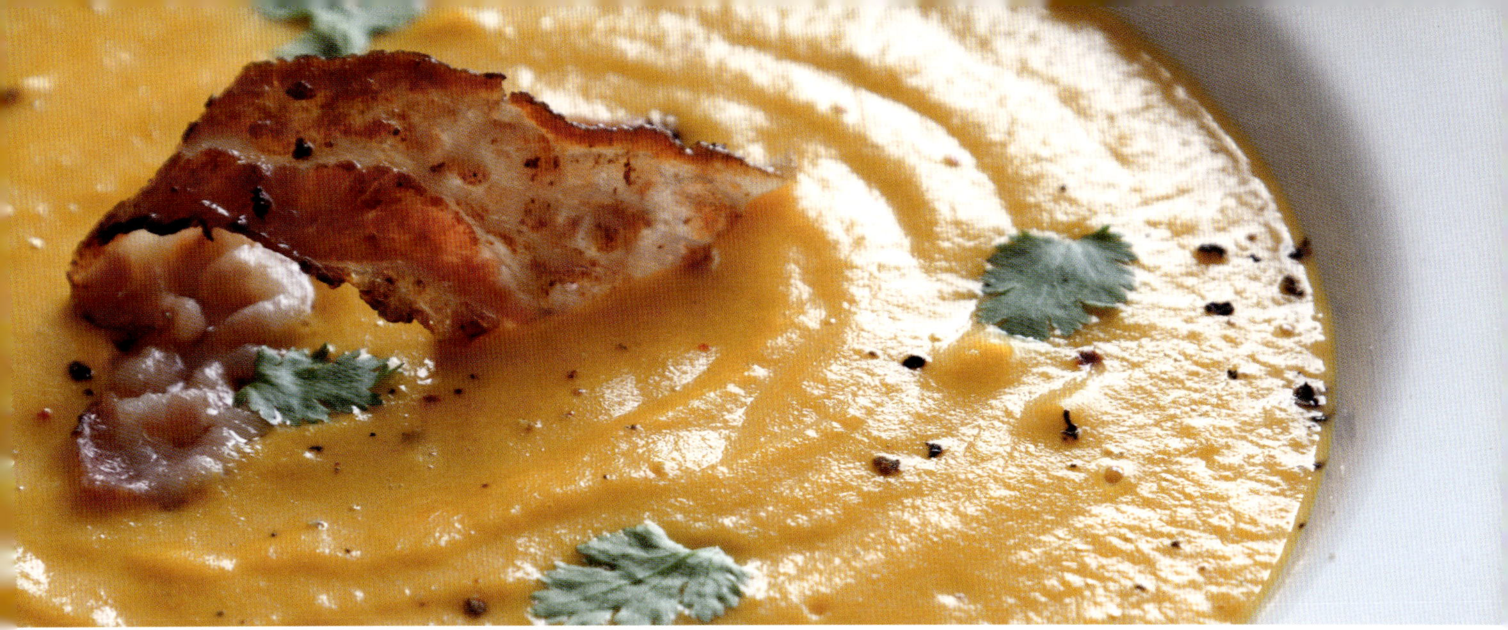

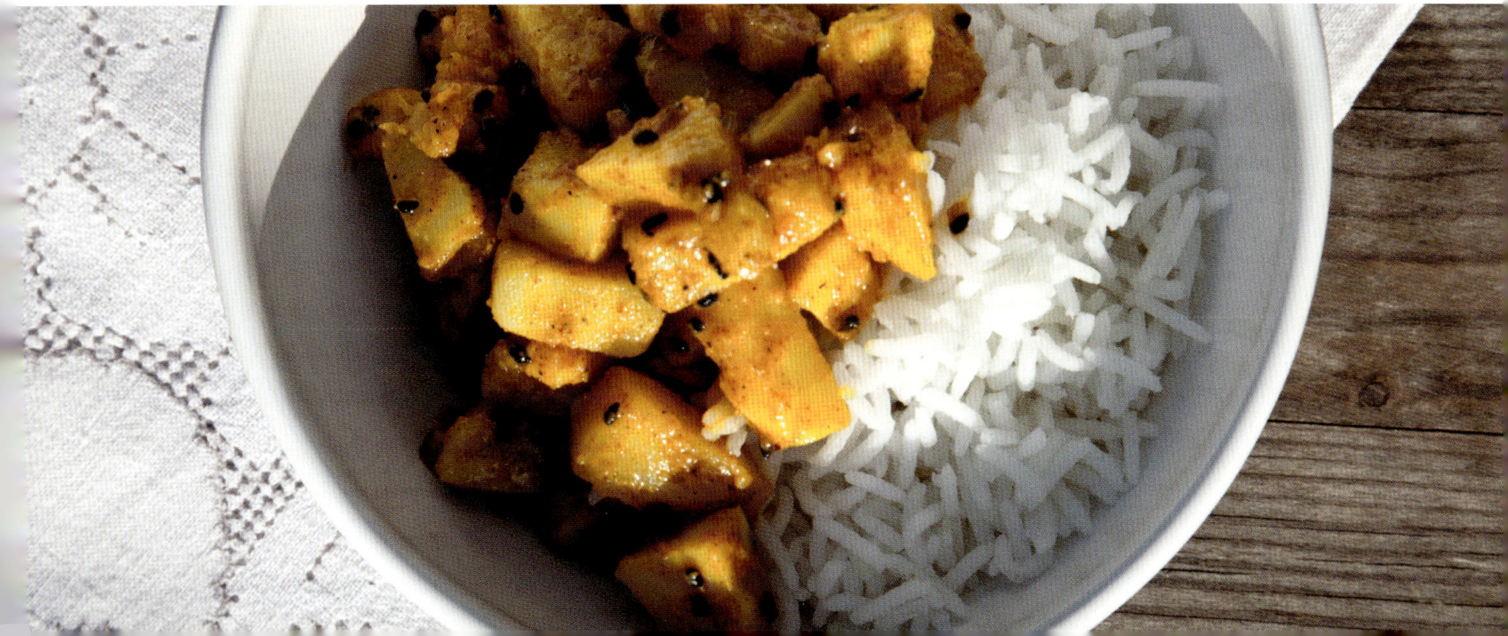

Karotten-Zucchini-Salat

Karotten-Zucchini-Mischung	
500 g Karotten	putzen, schälen, grob raspeln.
1 Zucchini (ca. 150g)	in Stifte schneiden, mit kochendem Wasser übergießen, ca. 5 Minuten ziehen lassen.
2 Äpfel	vierteln und in dünne Scheiben schneiden.
3 Stängel Petersilie	kleinhacken.
1 EL Sonnenblumenkerne	mit allen anderen Zutaten mischen.

Salat-Sauce	
2 EL weißen Balsamico-Essig	mit
3 EL Leinöl	verrühren und mit
etwas Zucker	und
Salz und Pfeffer	abschmecken.

Fertigstellung

Die Salat-Sauce unter die Karotten-Zucchini-Mischung heben und kurz einziehen lassen.

Lauchsalat mit Apfel und Ei

Salat	
1 Stange Lauch	in 1 cm breite Ringe schneiden, waschen. Mit kochendem Wasser übergießen und 5 Minuten ziehen lassen. Wasser abgießen, abkühlen lassen.
2 Äpfel	schälen, vierteln und in kleine Stücke schneiden.
2 Eier	hart kochen, schälen und in Stücke schneiden.
einige Zweige glatte Petersilie	waschen und zum Garnieren grob hacken.
	Alle Zutaten leicht mischen.

Salat-Sauce	
3 EL Leinöl	mit Saft von
½ - 1 kleinen Bio-Zitrone	mischen. Mit
Salz und Pfeffer	abschmecken.

Fertigstellung

Salat-Sauce über die Lauch-Apfel-Eier-Mischung geben. Mischen, fertig!

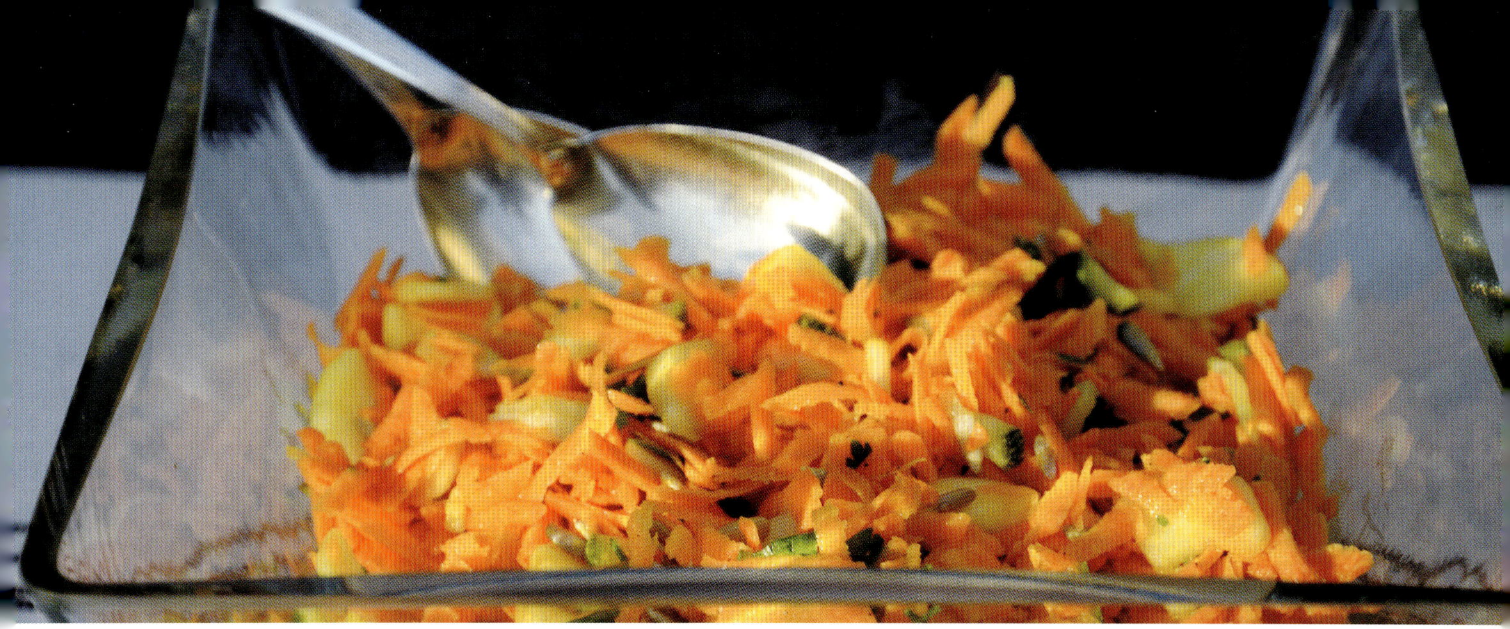

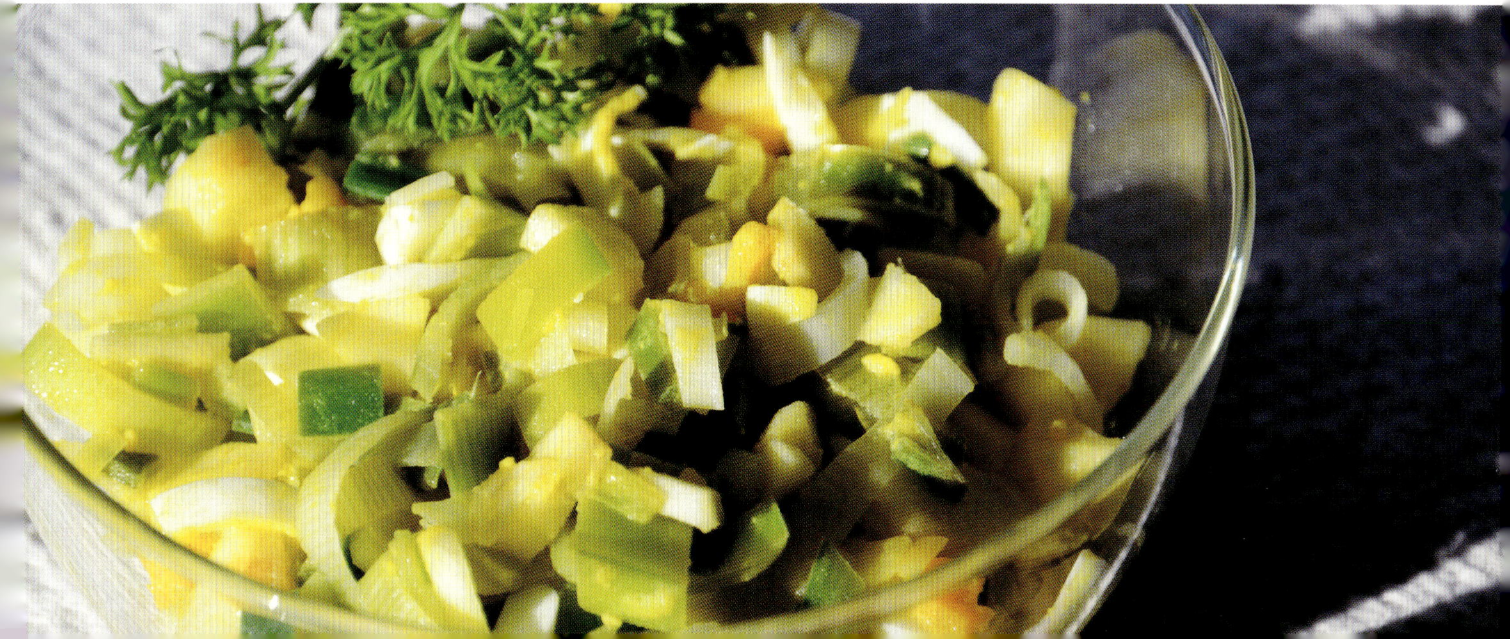

Karottensalat mit Pinienkernen

Ca. 60 g Pinienkerne	ohne Zugabe von Öl in einer Pfanne anbraten. Beiseite stellen und abkühlen lassen.
Ca. 750 g Karotten	schälen und stifteln (ca. 5 x 1 cm). Karotten kochen, bis sie durch, aber noch bissfest sind - ca. 5 Minuten. Am besten probieren, damit sie nicht zu weich werden.
	In ein Sieb abgießen, unter kaltem Wasser kurz abkühlen, beiseite stellen.

Dressing	
Ca. 8 EL Balsamico-Essig	
2 TL gemahlenen Kreuzkümmel (Cumin)	
Salz, Pfeffer	
Etwas Ingwerpulver	
Ca. ½ TL Korianderpulver	
1 ½ TL Honig	
Ca. 5 EL Olivenöl	Alle Zutaten für das Dressing mischen.
Ein paar Stängel Petersilie (4 - 5)	waschen und fein hacken.

Fertigstellung

Abgekühlte Karotten und Pinienkerne in eine Salatschüssel geben, das Dressing darüber gießen und die gehackte Petersilie untermischen. Mindestens 1 Stunde, besser 4 Stunden durchziehen lassen, ab und zu durchmischen.

Bemerkungen

Schmeckt gut als Beilage zu gegrilltem Fleisch oder zu Joghurt-Raita und scharf angebratenem, orientalisch gewürztem süßem Hackfleisch.

Kathrin Ullrich

Tortellini-Tomaten-Salat

500 g getrocknete Gemüse-Tortellini	nach Verpackungsangabe in Salzwasser al dente kochen,
	Tortellini abgießen und mit kaltem Wasser abschrecken.
8 - 10 mittelgroße Tomaten	waschen, Stielansatz herausschneiden und in kleine Stücke schneiden. Von
6 halben, getrockneten, in Öl eingelegten Tomaten	das Öl abtropfen lassen und Tomatenstücke kleinschneiden. Von
10 - 15 großen schwarzen Oliven	evtl. die Steine entfernen.
1 - 2 TL in Öl eingelegten Bärlauch oder Bärlauchpesto	bereitstellen.
150 g Rucola	waschen, Stiele entfernen und Blätter kleinschneiden.
200 g Feta Schafskäse	in 1 - 2 cm große Würfel schneiden.

Dressing	
2 EL dunklen Balsamico-Essig	und
3 EL Olivenöl	sowie
1 TL getrocknetes Basilikum, Paprikapulver, Chilipulver	in einer Schale verrühren.

Fertigstellung

Tortellini in eine große Schüssel geben. Die Tomaten, getrocknete Tomaten, Oliven, Schafskäse und Bärlauch dazugeben und unterheben. Das Dressing über den Salat geben und alles vermengen. Den Tortellini-Salat mindestens 1 Stunde durchziehen lassen, evtl. noch nachwürzen. Vor dem Servieren den klein geschnittenen Rucola unterheben.

Variante

Statt Rucola kann man auch frische Basilikumblätter nehmen.

Rita und Eberhard Balzer

Wirsing-Karotten-Salat

800 g Wirsingblätter	und
200 g grüne Blätter vom Lauch	in einem Topf mit kochendem Wasser übergießen und mit geschlossenem Deckel 3 Minuten ziehen lassen. Aus dem Topf nehmen, in Eiswasser abkühlen und gut abtropfen lassen. Die Wirsingblätter von den dicken Mittelrippen befreien und genau wie den Lauch in mundgerechte Streifen schneiden. Die entfernten Mittelrippen in Würfel schneiden.
400 g Karotten	schälen, die Hälfte in Streifen, die andere Hälfte in Würfel schneiden.
2 mittelgroße rote Zwiebeln	in Würfel schneiden.
Je 2 EL Butter und Olivenöl	erhitzen. Das Würfelgemüse (Karotten, Zwiebeln und Mittelrippe vom Wirsing) in der Butter-Olivenöl-Mischung glasig schmoren.
100 ml trockenen Rotwein	hinzufügen und solange reduzieren, bis der Rotwein eine leicht cremige Konsistenz angenommen hat.
50 ml Gemüsebrühe	hinzufügen. Mit
Salz und Pfeffer	würzen.
4 - 6 EL Balsamico-Essig hell	für das Dressing bereitstellen.

Fertigstellung

Alles in einer (wer mag, mit Knoblauch ausgeriebenen) Schüssel mischen und mit Salz, Pfeffer und Balsamico-Essig herzhaft abschmecken. Mindestens 1 Stunde durchziehen lassen und kalt servieren.

Bemerkungen

Als nicht-alkoholische Variante kann der Anteil an Rotwein auch durch Gemüsebrühe ersetzt werden.

Simone Serba

Rotkohlsalat mit Walnuss und Schafskäse

500 g Rotkohl	putzen und in feine Streifen schneiden.	4 EL Walnussöl	mischen. Orangensaft, abgeriebene Schale sowie
1 kleinen Fenchel	halbieren, Strunk entfernen, das Fenchelgrün fein hacken und auf die Seite stellen, den Fenchel in Streifen schneiden.	Meersalz, Pfeffer und Zucker	hinzufügen. Das Dressing über den Salat geben und abgedeckt 1 Stunde ziehen lassen.
1 sauren Apfel	schälen und grob raspeln. Zutaten in eine Schüssel geben. Für das Dressing von		Die filetierten Orangen hinzugeben und mit dem Salat vorsichtig vermischen.
3 Bio-Orangen	zwei Orangen mit einem Messer schälen und filetieren. Eine Orange waschen, Schale abreiben und den Saft auspressen.	200 g Schafskäse	zerbröseln,
3 EL Weißweinessig	mit	70 g Walnüsse	grob hacken und zusammen mit Schafskäse und Fenchelgrün über den Salat streuen.

Daria Höfler-Lai

Kraut-Salat mit Paprika

500 - 750 g Weißkohl	putzen, äußere welke Blätter entfernen, halbieren, fein hobeln.
½ grüne oder rote Paprika	putzen, Stielansatz, Trennwände und Kerne entfernen. In feine Streifen schneiden.
1 Tomate	in kleine Würfel schneiden.
Einige Rucola- und Korianderblätter	waschen, kleinschneiden. Weißkohl-Streifen, Paprika, Tomaten, Rucola und Koriander mischen. Aus
4 EL Leinöl	und
3 EL weißem Balsamico-Essig	sowie
Salz und Pfeffer	eine Vinaigrette anrühren und unter den Salat heben.

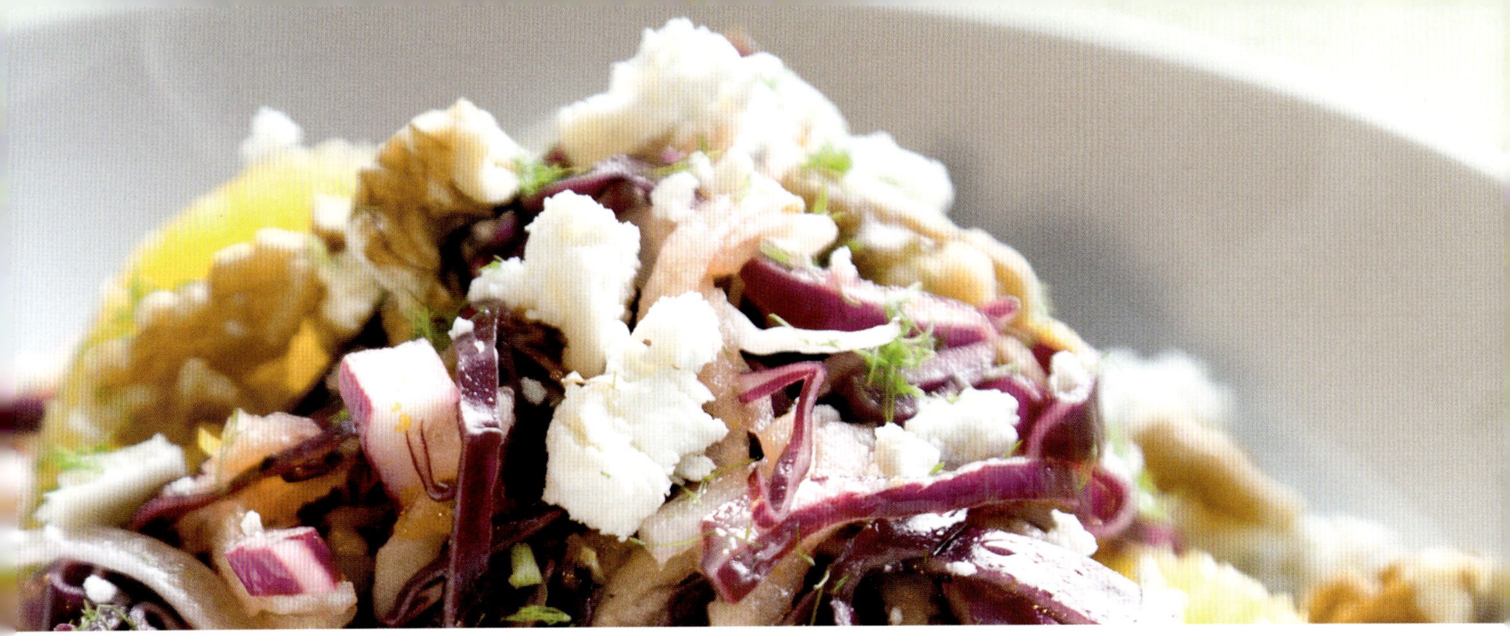

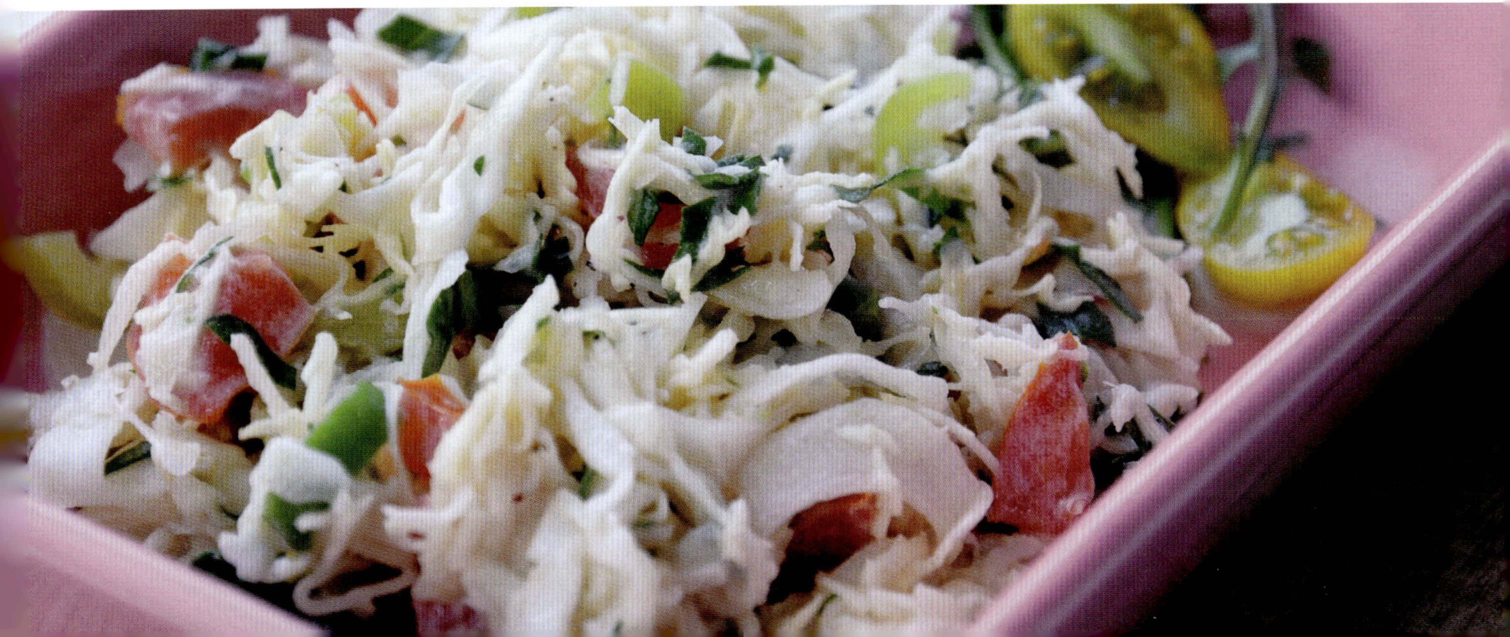

Rote-Bete-Carpaccio

Gemüse und Schafskäse	
2 - 3 Rote Bete	mit Schale 45 - 50 Minuten kochen. Abkühlen lassen. Schälen und in dünne Scheiben (ca. 2 - 3 mm dick) schneiden.
1 Zwiebel	schälen und in sehr feine Würfel schneiden.
100 g Schafskäse (Feta)	in dünne Scheiben schneiden. Von
1 EL Kapern in Salz	das Salz abwaschen. Kapern kleinschneiden.
1 Bund Petersilie	waschen, zum Garnieren kleinschneiden.

Dressing	
3 EL Olivenöl	Alle Zutaten mischen.
2 EL weißer Balsamico-Essig	
1 TL scharfer Senf	
Salz, Pfeffer	

Fertigstellung

Rote-Bete-Scheiben auf einem großen flachen Teller oder einer entsprechenden Schale dachziegelartig anrichten. Die Schafskäsescheiben gleichmäßig darauf verteilen. Zwiebelwürfel und Kapern darüber streuen. Das Dressing darübergießen. Mit Petersilie garnieren.

Varianten

Anstelle von Schafskäse kann man auch Mozzarella oder Ziegenkäse verwenden. Wenn man keine Kapern mag oder findet, kann man stattdessen auch gehackte Walnüsse verwenden. Man muss dann nur die Zwiebeln weglassen.

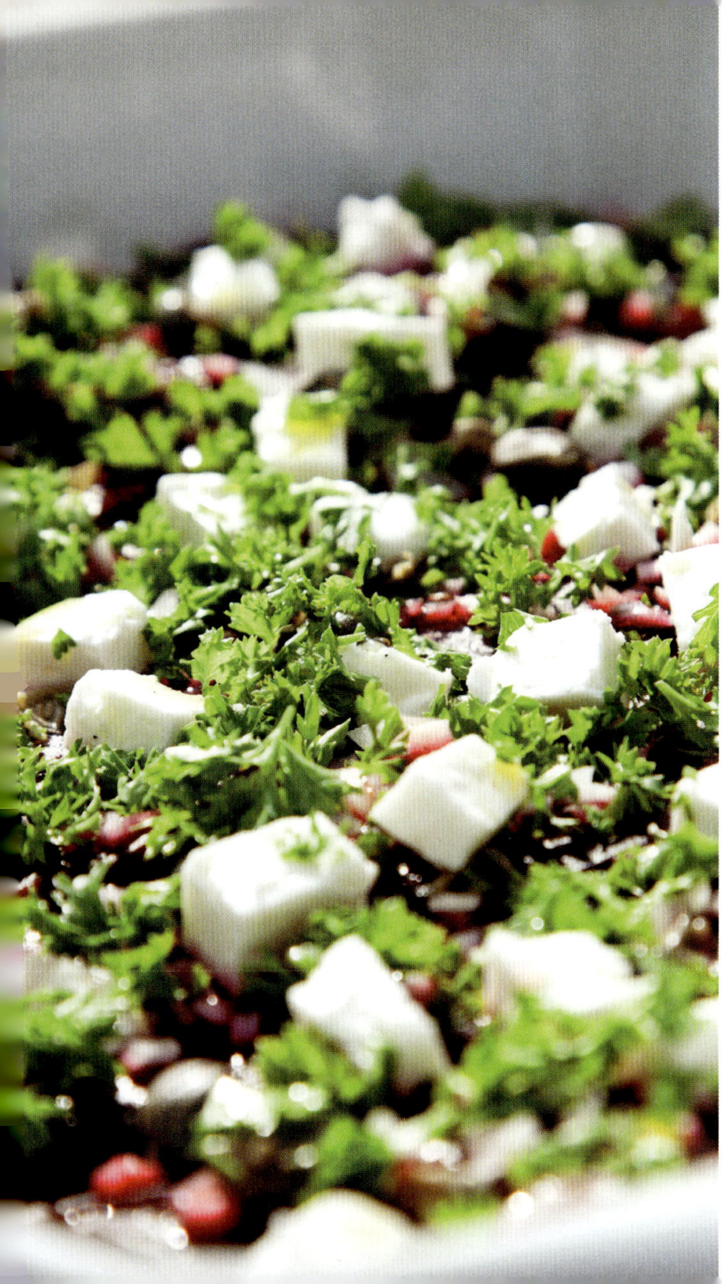
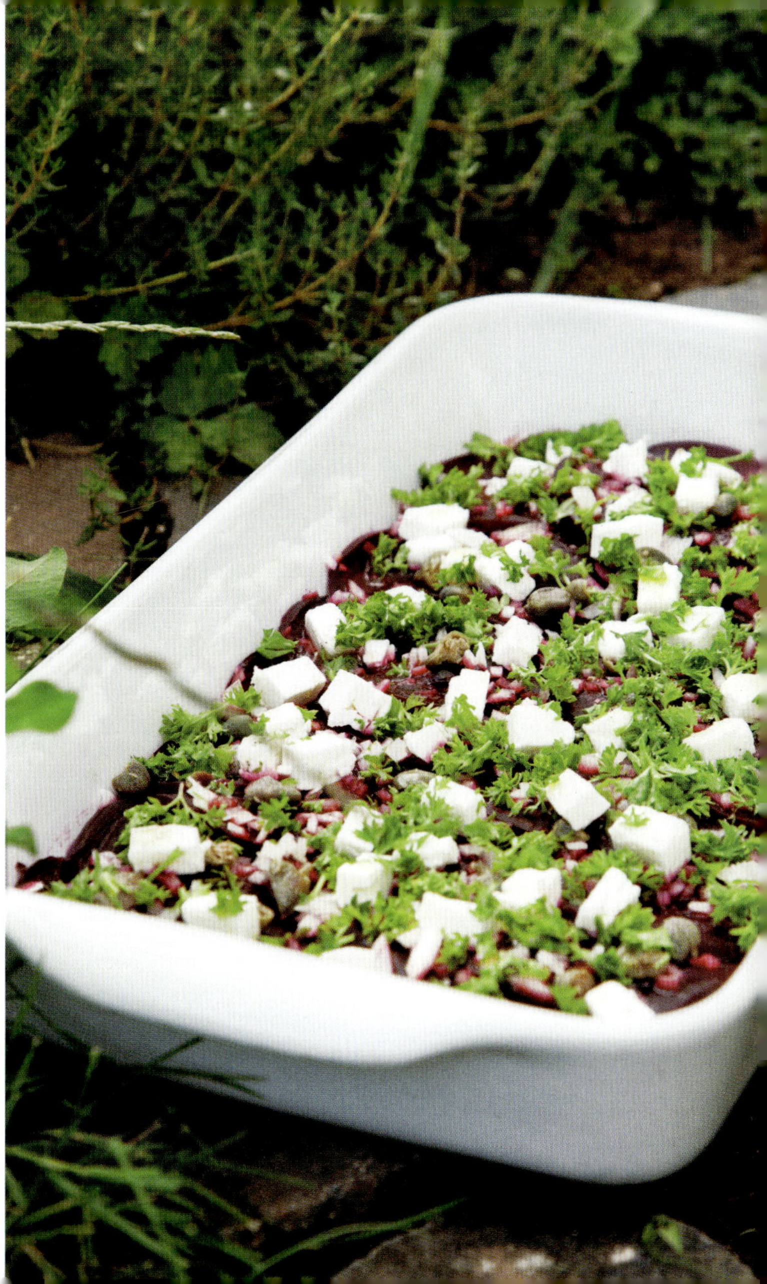

Sizilianischer Fenchel-Orangensalat

Fenchel-Orangen-Mischung	
1 Fenchelknolle oder mehrere junge Seitentriebe	putzen, harte Schalen entfernen. Das Fenchelherz in feine Würfel oder Scheiben (Halbringe) schneiden. Fenchelgrün zum Garnieren kleinhacken und beiseitestellen.
2 weiße oder rote Zwiebeln	in sehr dünne Ringe schneiden.
2 - 3 saftige Orangen	mit dem Messer schälen und dabei das Häutchen mit entfernen. Saft in einer Schüssel auffangen. Bei Bedarf aus einer zusätzlichen Orange extra Saft auspressen (es werden ca. 4 - 5 EL Saft benötigt). Die Orangen in ca. 3 - 5 mm dicke Scheiben schneiden. Die Scheiben auf einer großen Platte großzügig ausbreiten (Schindeltechnik).
Mehrere schwarze Oliven	ganz lassen oder nach Belieben in Scheiben schneiden.
1 Bio-Limette oder Bio-Zitrone	wenn für die zusätzliche Garnitur gewünscht: Von der Schale sehr feine Streifen (ohne das Weiße = Zesten) abschälen oder in dünne Scheiben schneiden.

Vinaigrette	
2 EL Weißweinessig	mit dem aufgefangenen Orangensaft und
6 EL Olivenöl	verrühren. Von
frischen Rosmarinzweigen	Nadeln abzupfen, sehr fein hacken (ca. 1 TL) und unter die Sauce mischen. Mit
1 Msp Cumin (Kreuzkümmel)	und
Salz und Pfeffer	abschmecken.

Fertigstellung

Die feinen Fenchelstücke in die Vinaigrette geben und ca. 15 Minuten ziehen lassen. Anschließend das ganze gleichmäßig über die angerichteten Orangenscheiben verteilen. Mit dem gehackten Fenchelgrün und den in feine Scheiben geschnittenen Oliven (oder auch ganzen Oliven) den Salat garnieren.

Varianten

Je nach Geschmack kann der Salat noch zusätzlich mit Limetten- oder Zitronensaft beträufelt werden und mit Zesten oder dünnen Limetten- oder Zitronenscheiben verziert werden.

Ulla Bruno und Stephan Kohn

Rote-Bete-Salat

Vorbereitung der Roten Bete	
4 mittelgroße Rote Bete	putzen und mit Schale ca. 45 Minuten in Salzwasser weich kochen. Abkühlen lassen. Schälen und in Würfel schneiden.
2 Eier	hart kochen und kleinhacken.
1 Zwiebel	kleinhacken.
1 Gewürzgurke	kleinhacken.
8 Walnüsse	knacken und kleinhacken.
Dill oder Petersilie	zum Garnieren vorbereiten.

Vinaigrette	
1 TL körniger Senf	aus allen Zutaten eine Vinaigrette anrühren
3 EL Leinöl	
1 - 2 EL Apfel-Essig	
Salz und Pfeffer	

Fertigstellung

Rote Bete, Zwiebel, Gewürzgurke und Walnüsse mischen, mit Vinaigrette übergießen. Mit gehacktem Ei bestreuen, mit Dill oder Petersilie garnieren.

Bemerkungen

Dazu schmeckt frisches Dinkel-Baguette aus dem Oberfeld Hofladen.

Rote-Bete-Rahmsuppe

320 g Rote Bete	waschen, dünn schälen, in Würfel schneiden.
2 Kartoffeln	unter Wasser abbürsten (brauchen nicht geschält zu werden), in Würfel schneiden.
2 mittelgroße Zwiebeln	fein hacken.
30 g Butter	in einem Suppenkochtopf erhitzen: Zwiebeln in der Butter andünsten, Rote Bete und Kartoffeln dazugeben.
400 ml Gemüsebrühe	über das Gemüse gießen, ca. 40 Minuten auf kleiner Flamme garen.
350 ml Milch	dazugeben, alles pürieren.
60 ml süße Sahne	fast steif schlagen und unter die Suppe heben.

1 EL geriebenen Meerrettich	zufügen.
1 TL Salz, etwas Pfeffer	zufügen und abschmecken.
Schnittlauch	in Röllchen schneiden und als Garnitur servieren und über die Suppe streuen.

Jutta Ungemach

Kartoffelsuppe

750 g mehlig kochende Kartoffeln	waschen, schälen und in Stücke schneiden.
4 mittelgroße Karotten	putzen, waschen und in Stücke schneiden.
½ Stange Lauch	putzen, in Ringe schneiden und waschen.
1 Zwiebel	kleinschneiden.
2 EL Sonnenblumenöl	erhitzen. Zwiebeln, Karotten, Lauch kurz im Öl andünsten. Kartoffeln hinzufügen und mit
1 l Wasser	aufgießen, 20 - 30 Minuten bei milder Hitze köcheln lassen. Mit einem Pürierstab fein pürieren (oder durch ein Sieb passieren). Mit
Salz und Pfeffer	abschmecken.
1 kleinen Bund Petersilie	grob hacken, die Suppe damit garnieren.
100 g Schmand oder saure Sahne	nach Belieben unterrühren. (Am besten gibt dies jeder Esser direkt in seinen Teller).

Bemerkungen

Wir essen die Kartoffelsuppe im Winter mit Kartoffelpuffern oder Wiener Würstchen. Gegen Ende des Sommers schmeckt die Kartoffelsuppe auch mit oder zum Pflaumenkuchen.

Schwarzwurzel-Salat

1 kg Schwarzwurzeln	unter fließendem Wasser gründlich waschen, schälen. In ca. 3 cm lange Stücke schneiden. In Essig- oder Zitronenwasser legen, damit sie nicht braun werden. Wasser abgießen, in
1 ½ l Salzwasser	mit
2 EL Zitronensaft	bei mittlerer Hitze ca. 20 Minuten kochen. Wasser abgießen, Schwarzwurzeln abkühlen lassen.
1 Bio-Orange	waschen, schälen, das Weiße innen und außen vollständig entfernen. Ca. ½ cm dicke Scheiben schneiden, diese in 8 Teile schneiden. Schwarzwurzeln mit Orangenstücken mischen.
40 g Walnusskerne	hacken und unterheben.
½ Bund Petersilie	kleinhacken und ebenfalls unterheben.
Chiliflocken	zum Garnieren bereitstellen.

Dressing	
1 Bio-Orange	waschen, Schale abreiben und Saft auspressen.
1 kleines Stück Ingwer	sehr fein schneiden.
3 EL weißer Balsamico-Essig	Alle Zutaten für das Dressing verrühren.
2 EL Olivenöl	
½ TL körnigen Senf	
Salz, Pfeffer	

Fertigstellung

Die Schwarzwurzel-Orangen-Mischung leicht mit dem Dressing vermischen. Einige Chiliflocken darüber streuen.

Bemerkungen

Sehr saftige Orangen könnten für das Dressing zu viel Saft haben. Je nach persönlichen Vorlieben deshalb für das Dressing weniger Orangensaft verwenden.

Varianten

Schwarzwurzelstücke ca. 5 Minuten in Butter andünsten, mit Wasser leicht bedecken und 20 Minuten bei geringer Hitze mit Deckel köcheln lassen. Der Schwarzwurzel-Geschmack kommt damit noch stärker zum Ausdruck.

Zwiebel-Petersiliensüppchen

750 ml Gemüsebrühe	aufkochen lassen.
2 Bund glatte Petersilie	waschen, kleinhacken.
2 EL Butter	hinzufügen.
1 Zitrone	auspressen, Saft zu der Brühe geben.
	Suppe aufkochen lassen und mit einem Mixer pürieren. Mit
Meersalz, gemahlenem Pfeffer	abschmecken und die Suppe bei geringer Temperatur warm halten.
	Für die geschmorten Zwiebeln:
500 g Zwiebeln	schälen und in feine Ringe schneiden.
2 EL Butterschmalz	in der Pfanne erhitzen und die Zwiebelringe mit Meersalz etwa 15 Minuten schmoren lassen.

Fertigstellung

Die Suppe auf Tellern anrichten und mit den geschmorten Zwiebeln garnieren.

Daria Höfler-Lai

Petersilienwurzelsuppe mit Pastinaken und Kartoffeln

250 g Petersilienwurzeln	waschen, schälen, in Stücke schneiden.
250 g Pastinaken	waschen, schälen, in Stücke schneiden.
250 g Kartoffeln	waschen, schälen, in Stücke schneiden.
1 Zwiebel	schälen und in Würfel schneiden.
40 g Butter	in einem Topf erhitzen. Zwiebel darin kurz andünsten. Gemüse hinzufügen, kurz mitdünsten.
1 l Gemüsebrühe	hinzugießen. Ca. 20 Minuten auf kleiner Flamme kochen.
	Danach Suppe pürieren.
50 ml Sahne	zufügen. Mit
Salz und Pfeffer	würzen. Mit
Petersiliengrün	garnieren.

Varianten

Die Anteile der Gemüse in dieser Suppe können je nach Erntemenge verändert werden.

Kulinarische Erlebnisse auf dem Oberfeld

Koch-Events

Kulinarische Höhepunkte bei der Entstehung des Saisongarten-Kochbuchs waren die zwei „Koch-Events". Viele Gärtnerinnen und Gärtner, die Beiträge für das Kochbuch geliefert haben, stellten dort Ihre neuen Rezepte und die von Ihnen gekochten Gerichte vor. Direkt auf der Wiese vor den Saisongärten waren Tische und Bänke aufgestellt, um gemeinsam die Koch-Ergebnisse zu testen, zu diskutieren und zu genießen.

An beiden Treffen haben um die 20 Personen mit gekocht und mit gegessen. Die Gerichte wurden zunächst von Daria Höfler-Lai und Albrecht Haag fotografisch perfekt in Szene gesetzt. Die Abendsonne sowie Gemüse und Blumen im Saisongarten als Hintergrund boten beste Voraussetzungen, um appetitanregende Bilder aller Köstlichkeiten zu schießen.

Dann ging es ans Probieren. Die Teilnehmer konnten von einem vielfältigen Buffet aus Suppen, Vorspeisen, Hauptgerichten und Desserts kosten. Die Begeisterung über immer neue Geschmacks-Erlebnisse kannte keine Grenzen. Selbst hergestellter Holunderblütensirup, Wasser, Saft, Bier und auch einige Flaschen Wein machten die Runde.

Bis zum Sonnenuntergang wurde gegessen, getrunken und über die Rezepte, die Gerichte, das Kochbuch, die aktuelle Ernte und den Saisongarten diskutiert. Zufrieden, etwas müde und gut gesättigt und mit vielen Fotos für das Kochbuch im Kasten, haben kurz nach Sonnenuntergang die letzten Gäste das Feld geräumt. Und alle Teilnehmer waren sich einig: Das war nicht das letzte Koch-Event in den Saisongärten auf dem Oberfeld.

Herbst

Winter

Sommer

Frühling

Hauptspeisen

Fettuccine mit Gemüse und Lachs

Gemüse-Sauce

2 Schalotten oder kleine Zwiebeln	in feine Streifen schneiden,
je 1 Karotte und Mairübchen	in feine Streifen schneiden,
etwas Olivenöl	Schalotten, Karotten und Mairübchen in Olivenöl bei milder Hitze ca. 10 Minuten dünsten. Mit
100 ml Weißwein	ablöschen, etwas einkochen lassen.
200 ml Gemüsebrühe	hinzufügen.
1 Zweig Thymian	hinzufügen,
wenig frisches rotes Chili	fein hacken und hinzufügen, weiter reduzieren lassen.
Je 75 g Sahne und Crème fraîche	in gleichen Teilen dazu geben und noch ein wenig reduzieren lassen. Menge kann nach persönlichen Vorlieben variiert werden. Thymianzweig herausfischen. Mit
Salz und Pfeffer	abschmecken.
1 Hand voll Zuckerschoten	je nach Größe halbieren und in der Gemüse-Sauce kurz mitgaren.

Karamellisierter Fenchel

1 Fenchelknolle	halbieren, den Strunk entfernen und in Streifen schneiden,
etwas Butter	in einer Pfanne erhitzen und Fenchel bei mittlerer Hitze 5 - 10 Minuten braten.
1 TL Honig	hinzufügen, die Hitze etwas höher schalten und goldbraun karamellisieren lassen.

Fertigstellung

400 g Fettuccine (Bandnudeln)	nach Anleitung al dente kochen.
1 kleines Lachsfilet (ganz frisch)	roh, schräg in ganz feine Streifen schneiden. In die Gemüse-Sauce geben. Karamellisierten Fenchel und
einige halbierte Kirsch-tomaten	zur Soße geben, einmal durchschwenken und mit den Fettuccine mischen. Anrichten und nach Geschmack mit
frisch geriebenem Parme-san	bestreuen.

Bemerkungen
statt Wein kann auch mehr Gemüsebrühe verwendet werden.

Cataldo Procacci

Mangold-Kohlrabi-Lasagne

Béchamel-Sauce	
30 g Butter	bei mittlerer Hitze in einem Topf schmelzen lassen.
30 g Weizenmehl	mit einem Schneebesen in die flüssige Butter einrühren.
½ l Milch	hinzugießen. Dabei ständig rühren, bis die Sauce zu kochen beginnt. Hitze reduzieren. Bei milder Hitze ca. 20 Minuten leicht köcheln lassen. Mit
Salz, Pfeffer, Muskatnuss	würzen.

Vorbereitung der Lasagne	
500 g Mangoldblätter	waschen, in ca. 3 cm breite Streifen schneiden.
300 g Kohlrabi	schälen, je nach Größe halbieren oder vierteln und in dünne Scheiben schneiden.
3 Frühlingszwiebeln	kleinschneiden.
2 EL Olivenöl	in einer großen Pfanne erhitzen, darin Frühlingszwiebeln und Mangoldblätter andünsten bis die Mangoldblätter weich gekocht sind (nach ca. 5 Minuten). Mit
Salz und Pfeffer	abschmecken.
80 - 100 g Berg- oder Hartkäse	reiben.
250 g Lasagneblätter	(ca. 12 Stück) bereitlegen.

Fertigstellung

Backofen auf 200 Grad vorheizen (keine Umluft). Auflaufform mit Butter einfetten, den Boden mit Béchamel-Sauce bedecken. Abwechselnd ungekochte Lasagneblätter, Mangold und Kohlrabi mit Béchamel-Sauce übergießen und in die Auflaufform schichten, jede Schicht mit Käse bestreuen. Als oberste Schicht Lasagne-Blätter mit Béchamel-Sauce begießen und geriebenen Bergkäse darüber streuen. Ca. 40 - 45 Minuten backen.

Bemerkungen

nach Belieben die fertige Lasagne mit frischen Kräutern (z.B. glatter Petersilie oder Kresse) bestreuen. Die Kohlrabi werden in unserer Variante eher knackig, wer es lieber weicher mag, kann die Kohlrabi vorher andünsten.

Varianten

Die Lasagne kann auch mit Kohlrabi, Mairübchen, Fenchel, Fenchelgrün und Zuckererbsen zubereitet werden. Dann mit gemahlenem Anis würzen und gehackte Walnüsse hinzufügen. Es gibt viele weitere Varianten. Einfach ausprobieren!

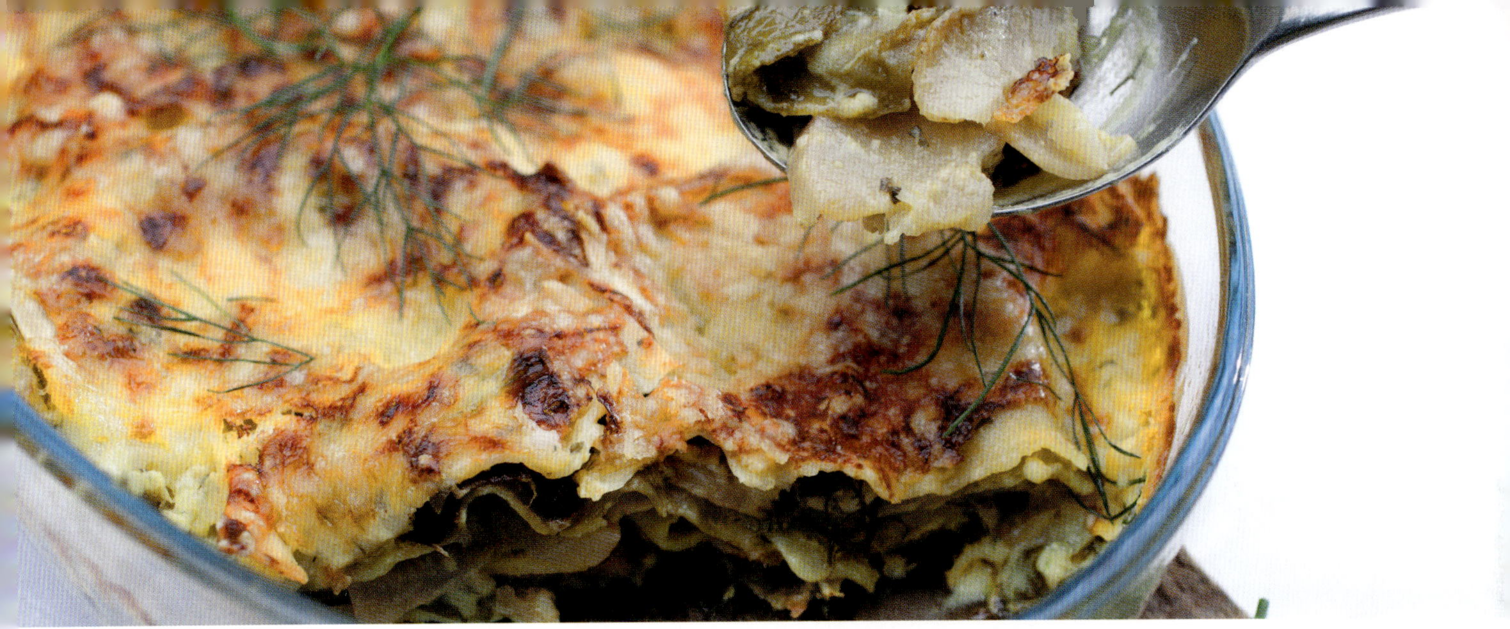
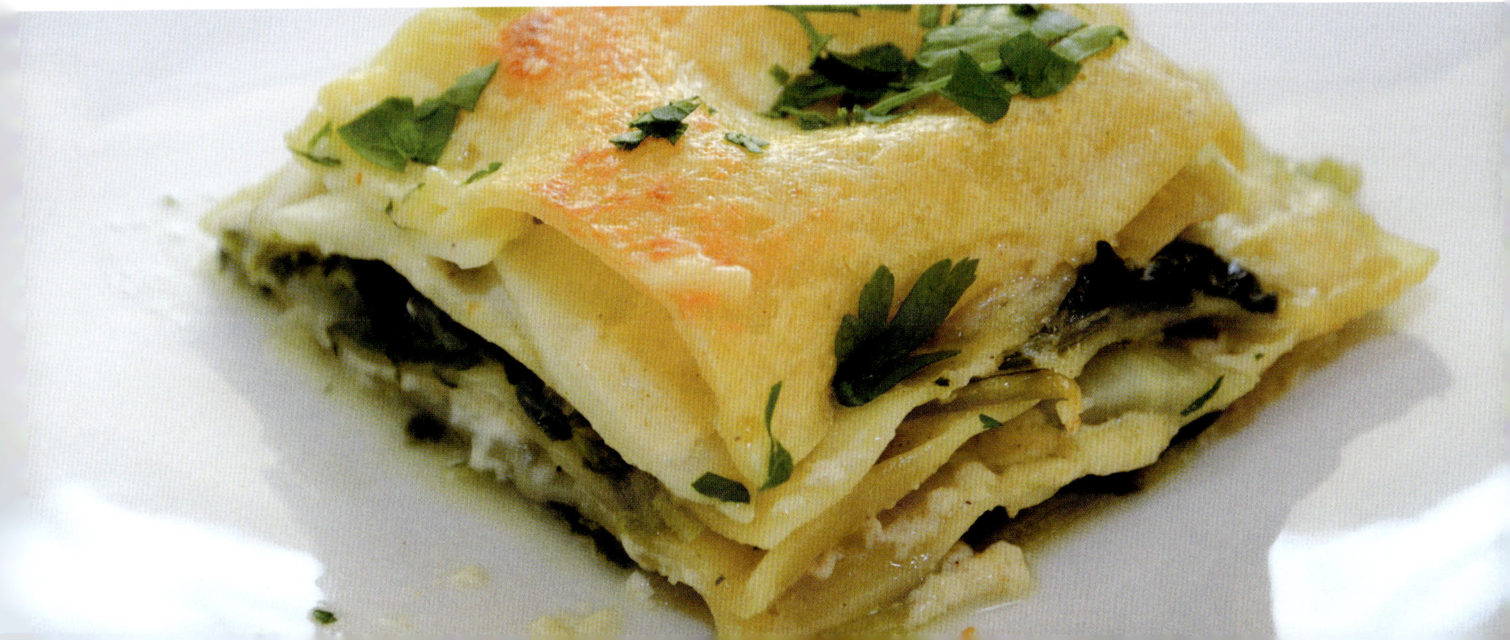

Spaghetti mit Borretsch-Sauce

Borretsch-Sauce	
100 g junge Borretsch-blätter	fein hacken.
40 g Mandeln oder Walnusskerne	kleinhacken.
1 Knoblauchzehe	kleinhacken.
2 EL Olivenöl	erhitzen. Mandeln bzw. Walnusskerne kurz in Olivenöl anbraten, Knoblauch hinzufügen und kurz andünsten. Borretsch hinzufügen und ca. 3 Minuten dünsten.
0,05 l Weißwein oder Saft einer halben Zitrone	hinzugießen und kurz aufkochen.
200 g Ricotta oder Schicht-käse	unterrühren. Mit
Salz und Pfeffer	abschmecken.
30 g Parmesan oder Hart-käse	reiben und zum Schluss in die Borretsch-Sauce einrühren.

Spaghetti	
320 - 500 g Spaghetti	nach Anweisung kochen (Menge nach Appetit festlegen).

Fertigstellung

Borretsch-Sauce und Spaghetti mischen, etwas Olivenöl untermischen, mit Borretsch-Blüten garnieren.

Bemerkungen

Einfaches, schnelles Frühlingsrezept. Borretsch wächst schnell, blüht schön und ist auch eine prima Bienenweide. Da Borretsch geringe Mengen Pyrrolizidin-Alkaloide enthält, die toxisch für die Leber sind, sollte Borretsch nur jung und in geringen Mengen verwendet werden.

Pasta mit Sardinen und Fenchel (Pasta con le sarde)

2 Fenchelknollen	reinigen, Fenchelgrün abschneiden und auf die Seite legen. Fenchelknolle halbieren, Strunk herausschneiden, Fenchel in feine Streifen schneiden.
2 Knoblauchzehen	schälen und kleinschneiden.
1 Zwiebel	schälen und kleinschneiden.
2 EL Olivenöl	in einer Pfanne erhitzen.
2 EL Pinienkerne	im Olivenöl anbraten, bis sie leicht gebräunt sind.
2 EL getrocknete Tomaten	kleinschneiden und mit Knoblauchzehen und Zwiebeln hinzufügen, kurz andünsten. Geschnittenen Fenchel hinzufügen. Alles 5 Minuten bei kleiner Hitze dünsten.
2 Dosen Sardinen in Olivenöl	Olivenöl abschütten, Sardinen in grobe Stücke schneiden, und unter die Fenchel-Mischung heben.
1 Zitrone	auspressen, Saft zur Sardinen-Fenchel-Mischung geben. Mit
Salz und Pfeffer	abschmecken, alles noch 2 - 5 Minuten köcheln lassen.
300 - 500 g Penne	nach Appetit und Anweisung kochen
2 EL Semmelbrösel	für die Garnitur bereitstellen.

Fertigstellung

Penne mit Sardinen-Fenchel-Masse mischen, einen Schuss Olivenöl unterziehen, mit Semmelbröseln bestreuen und mit Fenchelgrün garnieren.

Bemerkungen

Wir haben dieses Rezept in Sizilien kennengelernt. Statt Sardinen in Olivenöl verwendet man dort frische Sardinen und wilden Fenchel. Je nach Jahreszeit nimmt man getrocknete oder frische Tomaten. Wenn man keinen frischen Fenchel hat, kann man auch Fenchelsaat verwenden.

Frühlingsgemüse aus dem Wok

Vorbereitung	
1 Kohlrabi	putzen, vierteln und in Scheiben schneiden.
2 Mairübchen	putzen und in Scheiben schneiden.
4 Frühlingszwiebeln	putzen und in Ringe schneiden.
100 g Zuckerschoten	putzen.
100 g Schnittmangold	waschen und in Streifen schneiden.
400 g Putenschnitzel	waschen, trockentupfen und in Streifen (für Geschnetzeltes) schneiden.

Zubereitung	
3 EL Olivenöl	im Wok (alternativ: in einer großen Pfanne) erhitzen.
geschnetzeltes Putenfleisch	bei mittlerer Hitze im Wok anbraten. Wenn es gut gebräunt ist, aus dem Wok nehmen und zwischenlagern.
	Alle Gemüse ca. 5 - 10 Minuten im Wok anbraten, mit den harten Gemüsen beginnen. Angebratenes Putenfleisch dazugeben.
½ l Gemüsebrühe	hinzufügen und aufkochen lassen.
Curry, Koriander, Kreuzkümmel, Salz, Pfeffer, Paprika ...	nach Belieben mischen und dazugeben. Je eine Messerspitze Zimt und Nelken schmecken auch gut dazu.
1 EL Speisestärke	mit
4 EL Soja-Sauce	mischen und zum Gemüse geben, aufkochen lassen.
½ - 1 Zitrone	auspressen, Saft hinzufügen.
1 Bund frischen Koriander	waschen, kleinschneiden, die Hälfte untermischen, mit dem Rest garnieren.

Bemerkungen
mit Basmati-Reis servieren.

Varianten
Statt Putenfleisch kann auch Rind- oder Hühnerfleisch oder Tofu verwendet werden. Als Gemüse können je nach Jahreszeit z.B. auch Fenchel, Zucchini, Brokkoli, Paprika, Karotten, Weißkohl, Lauch, Wirsing, Pastinaken verwendet werden. Einfach mal ausprobieren!

Mangoldstrudel

Schnittmangold	
750 g Schnittmangold	waschen und kleinschneiden.
2 Zwiebeln	schälen und kleinschneiden.
2 Knoblauchzehen	schälen und kleinschneiden.
3 EL Olivenöl	in einer Pfanne erhitzen, Zwiebeln und Knoblauch andünsten, Schnittmangold hinzufügen. Ca. 5 Minuten dünsten, bis er weich ist.
1 Bund frische gemischte Kräuter	waschen, kleinhacken und unter die Mangoldmasse mischen (Kräuterauswahl nach persönlichen Vorlieben).
3 EL Zitronensaft	unterrühren und mit
Salz, Pfeffer, Edelsüßpaprika, geriebener Muskatnuss	abschmecken.
2 Eier	mit
250 g Ricotta	mischen und unter die Schnittmangoldmasse heben.
200 g Schafskäse	in Würfel schneiden und ebenfalls in die Schnittmangoldmasse geben.

Strudelteig	
500 g Blätterteig (gefroren)	nach Packungsanleitung für Strudelteig auf einem bemehlten Handtuch dünn ausrollen.
30 g Butter	flüssig werden lassen, die Ränder des Strudelteigs mit geschmolzener Butter bestreichen.
2 EL Milch	mit dem Rest der flüssigen Butter mischen.

Fertigstellung

Die Gemüsemasse auf dem Strudelteig verteilen. Vorsichtig mit Hilfe des Handtuchs einrollen. Die Ränder gut zudrücken. Strudelteig mit Milch-Buttergemisch außen bestreichen und im Backofen bei 180 Grad Umluft 40 - 45 Minuten knusprig backen.

Bemerkungen

Kann noch mit Nüssen oder Rosinen oder getrockneten Aprikosen verfeinert werden.
Mit gemischtem Salat servieren.

Mangold-Fenchel-Tarte

Teig	
150 g Oberfeld Dinkel-Voll-kornmehl	Aus allen Zutaten einen glatten Teig kneten, in eine 28-cm-Springform geben, einen Rand von 2 - 3 cm Höhe formen und im Backofen 15 Minuten bei 180 Grad vorbacken.
75 g Butter	
2 Prisen Salz	
75 g saure Sahne	

Belag	
1 Zwiebel	würfeln, mit
1 EL Olivenöl	glasig dünsten.
300 g Mangold	grob zerkleinern.
120 g Fenchel	hobeln.
6 getrocknete Tomaten	hacken.
	Alle Zutaten bissfest dünsten. Mit
2 EL Zitronensaft	und
Salz, Pfeffer, Crema di Balsamico-Essig	würzen. Alles auf den vorgebackenen Boden geben.
150 g Ziegenfeta	zerkrümeln.
3 Eier	verquirlen und mit
125 g saurer Sahne	vermischen.
Muskatnuss	beigeben. Salz ist ausreichend im Ziegenfeta enthalten.

Fertigstellung

Zerkrümelten Ziegenfeta auf dem Gemüse-Boden verteilen. Eier-Sahne-Masse darübergießen und im Backofen bei 180 Grad ca. 20 Minuten backen.

Varianten

schmeckt auch mit Zucchini, Spinat, Karotten, Kürbis, usw.

Hedi Germer

Malfatti - Mangoldgnocchi

500 g Mangold oder Spinat	kurz in heißem Wasser blanchieren, abschrecken, gut ausdrücken und fein hacken.
200 g Ricotta	mit einer Gabel zerdrücken.
150 g Parmesan	reiben, davon 50 g für die Fertigstellung zum Bestreuen zurückstellen.
3 kleine Eier	mit Ricotta, Mangold bzw. Spinat, 100 g Parmesan und
ca. 150 g Mehl	verrühren (so viel Mehl, dass der Teig zusammen hält). Mit
Salz, Pfeffer, Muskat	würzen.
75 g Butter	für die Fertigstellung bereitstellen.

Fertigstellung

Mit zwei Teelöffeln walnussförmige Gnocchi (= Malfatti) formen. Diese dann in Mehl wenden und auf ein Holzbrett legen (am besten immer ca. 15 Stück auf einmal). Die Gnocchi in kochendes Salzwasser legen und kochen, bis sie an die Oberfläche kommen. (ca. 5 Minuten).
Die Butter schmelzen, über die frischen Malfatti geben und mit dem restlichen Parmesan bestreuen. Buon appetito!

Bemerkungen

Auch lecker mit frischer Tomaten-Sauce und einem frischen Salat.

Helga Talmon l'Armée

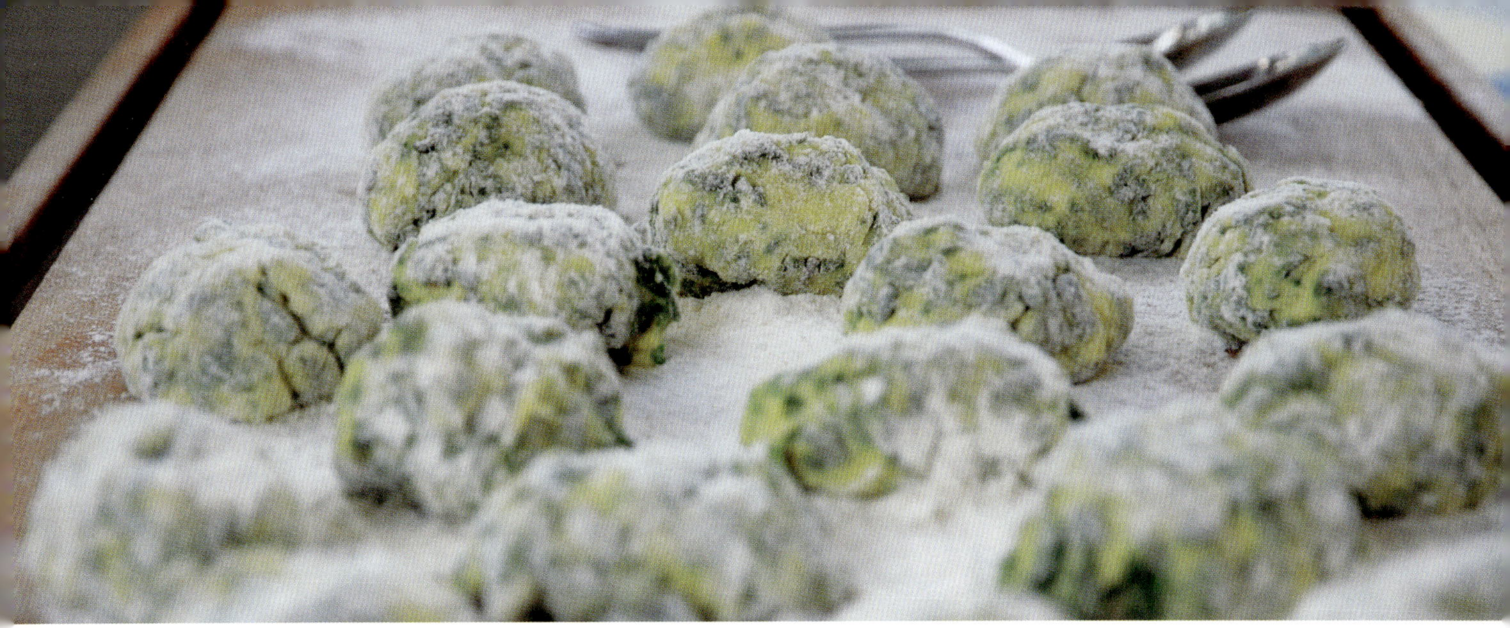
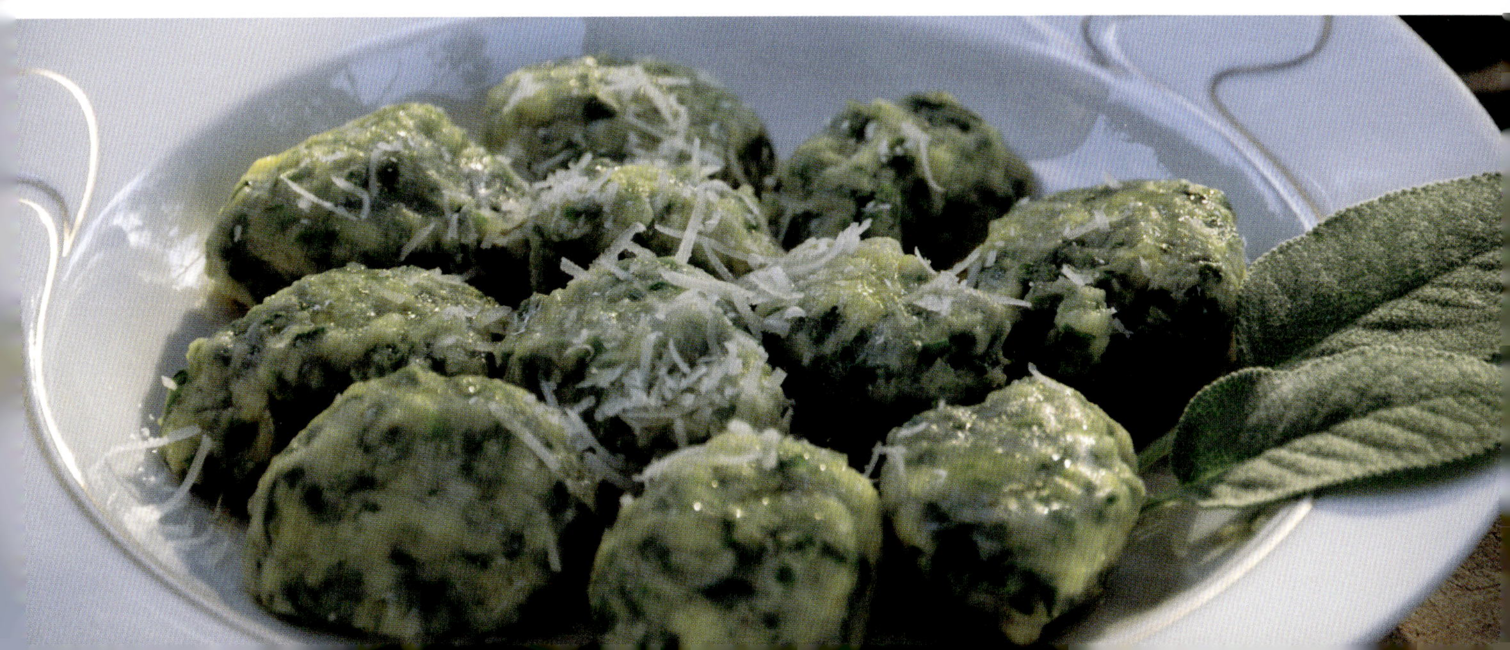

Orientalische Mangold-Pastete mit Schafskäse und Gehacktem

Füllung	
1 Strauß Mangold (ca. 300 - 500 g)	waschen, Stiele ausschneiden und kleinschneiden, Mangoldblätter grob hacken.
1 EL Butter	in einem Topf erhitzen.
1 Zwiebel	sehr fein hacken und in der Butter goldgelb anrösten. Kleingeschnittene Mangoldstiele hinzugeben, anschwitzen und mit 1 Glas Wasser ablöschen. Gehackte Mangoldblätter hinzufügen. Mit
Salz, Pfeffer, Muskatnuss	würzen und zusammen ca. 5 - 10 Minuten auf kleiner Flamme köcheln lassen.
1 Knoblauchzehe	hacken, zum Gemüse geben.
	Beiseite stellen, abkühlen lassen. Im erkalteten Zustand Wasser im Sieb aus dem gekochten Mangold auspressen.
200 g Schafskäse	für die Fertigstellung der Pastete zerbröseln.
1 Hand voll Pinienkerne	ohne Öl anrösten, einige ungeröstete Kerne für die Dekoration aufheben.
2 EL Olivenöl	in einer Pfanne erhitzen.
1 Zwiebel	hacken und im Öl anbraten.
200 - 300 g Gehacktes (halb und halb)	hinzugeben und mit anbraten.
Zimt, Salz, Pfeffer, Cumin, 1 Msp Cayennepfeffer, evtl. gestoßener Kardamom	Gewürze hinzufügen. (Man kann den Zimt im Öl vorher anrösten, doch Vorsicht, er verbrennt schnell!)
1 Bund frischen Dill	hacken oder Spitzen abzupfen und hinzugeben.

Teig	
3 EL Butter	Eine Auflaufform mit Butter einfetten. Restliche Butter schmelzen.
1 Rolle Yufka-Teig oder Filo-Teig	in der Auflaufform lagenweise ausbreiten, dabei mit flüssiger Butter bestreichen. Teig so auslegen, dass zum Einschlagen noch Teig überhängt. Der Bereich, der über den Rand der Form hängt, trocknet schnell und muss sorgfältig eingepinselt werden, damit es später keine Brüche beim Einschlagen des Teiges gibt.
1 - 2 Eier	und
Milch	für die Sauce verrühren.

Fertigstellung

Auf den Boden der mit Teig ausgelegten Form Mangold verteilen, Schafskäse einbröseln und oben drauf das Gehackte verteilen. Die gerösteten Pinienkerne einstreuen.

Die Hälfte der Eier-Milch-Sauce auf die Mangold-Hackfleisch-Mischung gießen. Teiglappen einschlagen und den Rest der Mischung zum Einpinseln verwenden. Wer möchte, kann noch ungeröstete Pinienkerne oben aufstreuen. Das ganze bei ca. 180 Grad im Backofen für ca. 35 Minuten backen.

Ulla Bruno und Stephan Kohn

Panierte Kohlrabi mit Orangenmousse

Orangenmousse	
250 g Karotten	waschen, putzen,
50 g Petersilienwurzeln	waschen, putzen, eventuell dünn schälen und in Stücke schneiden.
1 Zwiebel	schälen, hacken und in
etwas Olivenöl	anbraten. Karotten und- Petersilienwurzelstückchen dazugeben, mit
1 Tasse Wasser	ablöschen und mit
Salz und Pfeffer	abschmecken. Köcheln lassen, bis die Karotten und Petersilienwurzeln weich sind. Mit einem Pürierstab zu einer Mousse pürieren.
2 TL Honig	hinzufügen.
200 ml Orangensaft	hinzufügen und pikant mit
Salz, Pfeffer und Curry	abschmecken.

Kohlrabi	
600 g Kohlrabi	schälen, in 0,5 cm dicke Scheiben schneiden.
1 Ei	in einem Suppenteller verquirlen.
1 TL Kräutersalz	hinzufügen. Kohlrabischeiben im Ei, anschließend in
Paniermehl	wenden und in einer Pfanne mit
4 EL Olivenöl	goldgelb ausbacken.

Lauchgemüse	
1 Zwiebel	schälen, in Würfel schneiden und in
2 EL Öl	kurz anbraten.
300 g Lauch	waschen, putzen, in Rädchen schneiden. Zu der Zwiebel hinzufügen und max. 7 Minuten weich dünsten. Mit
Salz und Pfeffer	abschmecken.
100 g Walnüsse	hacken.

Fertigstellung

Orangenmousse, Kohlrabi und Lauchgemüse auf Tellern anrichten, mit Walnüssen garnieren. Dazu Couscous oder Kartoffeln servieren.

Tagliatelle mit Erbsen und Schinken

800 g Zucker-Erbsen	aus der Schote lösen.
1 - 2 kleine Zwiebeln	in Würfel schneiden.
80 g rohen Schinken	in kleine Streifen schneiden.
20 g Butter	erhitzen, Zwiebel kurz andünsten. Schinken hinzufügen, kurz mit anbraten, bis er hell wird. Erbsen hinzufügen, kurz andünsten.
0,05 l Weißwein oder Gemüsebrühe	hinzufügen, alles so lange bei milder Hitze kochen lassen, bis die Erbsen gar sind (ca. 5 Minuten).
0,1 l Sahne	zu den Erbsen gießen. Alles aufkochen lassen.
Ca. 10 Minze-Blätter	grob hacken und hinzufügen. Mit
Pfeffer und Salz	abschmecken.

320 - 500 g Tagliatelle	nach Rezept gar kochen.
80 g Parmesan oder Hartkäse	reiben.

Fertigstellung
Tagliatelle und Erbsen in der Pfanne mischen, heiß servieren. Mit geriebenem Parmesan bestreuen.

Bemerkungen
Den Schinken kann man auch einfach weglassen oder durch in Scheiben geschnittene frische Champignons ersetzen.

Varianten
Kann man auch mit Penne, Zuckerschoten, Schinkenspeck, Rucola und Zitrone zubereiten.

Nudelsalat mit Zucchini und Basilikum

250 g Nudeln	nach Packungsanleitung kochen (am besten sind Hörnchen- oder Muschelnudeln). Abkühlen lassen.
250 - 300 g Zucchini	waschen, putzen, halbieren und in ca. 0,5 cm dicke Scheiben schneiden.
1 Knoblauchzehe	sehr klein schneiden.
4 EL Olivenöl	erhitzen. Den Knoblauch darin anbraten, bis er goldbraun wird. Die Zucchinischeiben hinzufügen und 2 - 5 Minuten mitdünsten. Abkühlen lassen.
Ca. 10 kleine schwarze Oliven	Fruchtfleisch von den Kernen schneiden.
1 rote Peperoni (mild)	waschen, putzen, Kerngehäuse und Kerne entfernen und in sehr feine Würfel schneiden.

250 g Tomaten	in grobe Würfel schneiden.
50 g Ziegengouda	grob raspeln.
1 Bund Basilikum	waschen, Blätter von den Stielen zupfen und kleinschneiden. Einen Teil der Blätter zum Garnieren zurücklegen.
	Alle Zutaten leicht mischen. Aus
3 EL weißem Balsamico-Essig	und
4 EL Olivenöl	sowie
Salz, Pfeffer	eine Salat-Sauce anrühren.

Fertigstellung
Die Nudel-Mischung mit der Salat-Sauce übergießen. Vorsichtig mischen. Mit Basilikumblättern dekorieren.

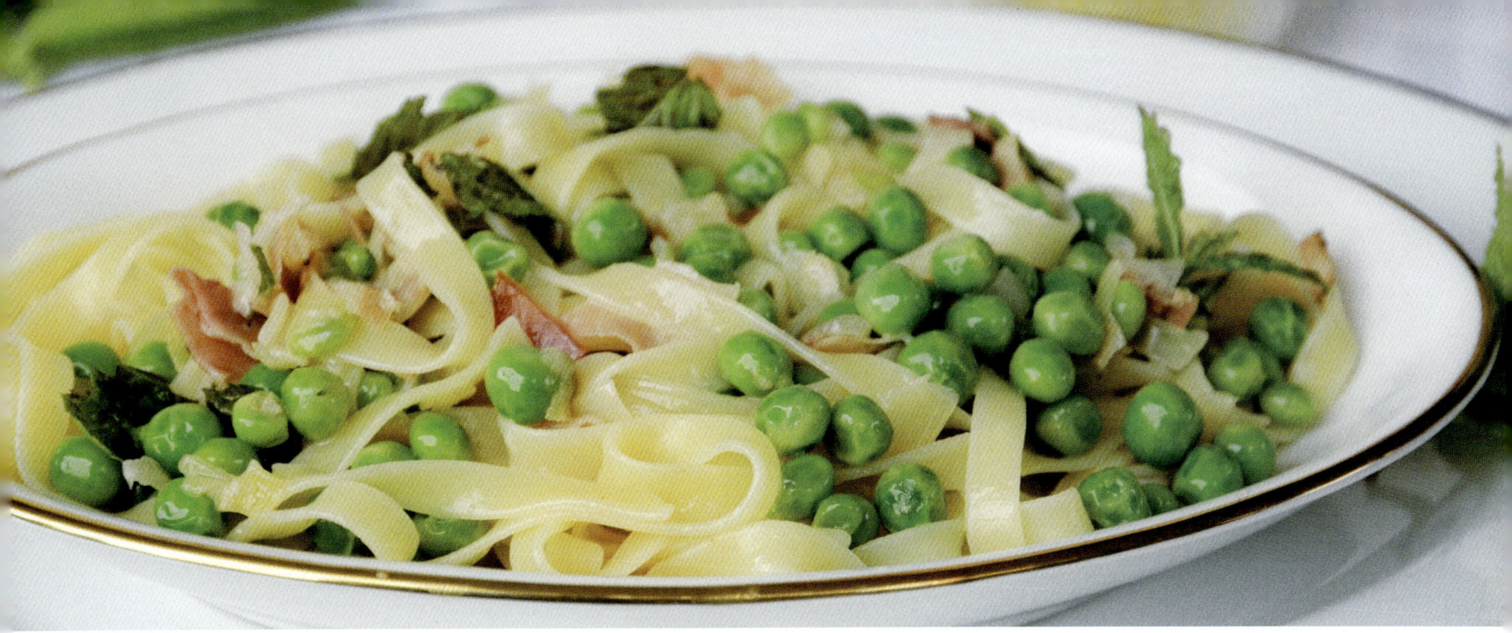
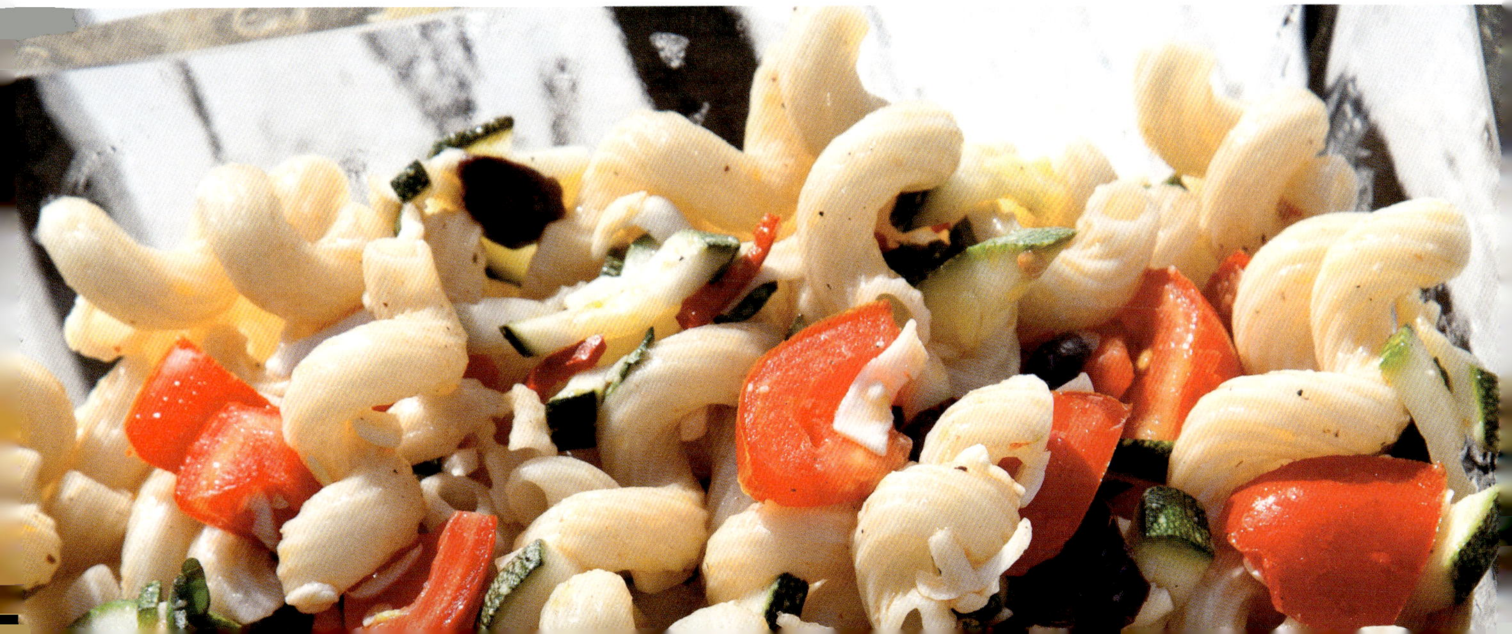

Gefülltes Gemüse auf Tomaten-Sauce

Gefülltes Gemüse	
2 kleine Zucchini oder 1 große Zucchini	putzen, der Länge nach halbieren und aushöhlen.
1 großen oder 2 kleine Fenchel	putzen, halbieren und etwas aushöhlen.
1 - 2 Kohlrabi	putzen und aushöhlen.
80 g getrocknete Sojaschnetzel (oder 100 g Hackfleisch)	in Wasser mit Salz kurz aufkochen und abtropfen lassen. (Hackfleisch später kurz anbraten.)
4 EL Kräuter	(Petersilie, Schnittlauch, Liebstöckel) kleinhacken.
2 Frühlingszwiebeln	Erste Zwiebel kleinhacken und mit Zwiebelgrün in
2 EL Olivenöl	anbraten, gekochte Sojaschnetzel oder Hackfleisch dazugeben. Die Zucchini-, Fenchel- und Kohlrabi-Innenteile kleinhacken und dazu geben. Mit
Salz und Pfeffer	und Kräutern abschmecken.
50 g Schafskäse	zum Überbacken bereitstellen.

Tomatensud	
1 Knoblauchzehe	hacken und mit der zweiten in Ringe geschnittenen Zwiebel in Öl anbraten.
2 große Fleischtomaten	in kleine Stücke schneiden und mitdünsten, Zwiebelgrün dazugeben.
2 - 3 EL Tomatenmark	und
ca. 1 Tasse Wasser	zufügen, etwas einkochen lassen und scharf mit
verschiedenen Gewürzen	(Chiliflocken, getrockneten Provence-Kräutern, Paprika, Curry, Salz und Pfeffer) abschmecken.

Fertigstellung

Tomatensud auf den Boden einer Auflaufform füllen, die halbierten Gemüse darauflegen, Gemüseschiffchen salzen, Hackfleisch- bzw. Sojazubereitung in die Gemüse einfüllen und mit einigen Scheiben Schafskäse bei 180 Grad Umluft überbacken bis der Schafskäse bräunt (ca. 30 - 40 Minuten). Mit Reis, Ebly oder Couscous servieren.

Variante

Fleischtomaten mit diesem Rezept füllen und mit Parmesan auf Tomatensud überbacken.

Roter und weißer Reis mit Oberfeld-Allerlei

1 Tasse roten Reis	in
3 Tassen Gemüsebrühe	40 Minuten kochen.
je 1 Gemüse, das gerade reif ist	waschen, putzen und in kleine Stücke schneiden. Wir haben verwendet: 1 kleine Zucchini, 1 Fenchel, 1 Paprika, 1 Mairübchen, 1 kleine Lauchstange, 2 Karotten, 5 kleine Brokkoli-Röschen, 1 kleinen Kohlrabi.
3 EL Olivenöl	in einer großen Pfanne erhitzen.
1 Schalotte	kleinschneiden und im Öl kurz anbraten.
1 Tasse Risottoreis	kurz mit anbraten.
3 Tassen Wasser	dazugeben und 15 Minuten köcheln lassen. Danach alle Gemüsestücke dazugeben.
1 Tasse Wasser	nachfüllen. Mit
Salz, Pfeffer, Chiliflocken, Kräuter der Provence, Curry, Safran	nach Belieben würzen und den Risotto weitere 15 Minuten köcheln lassen.
1 Zitrone	auspressen und über den Risotto geben.
10 Minzeblätter	waschen.
Schalottengrün	in Streifen schneiden.
1 Handvoll junge Erbsen	aus den Schoten lösen.

Fertigstellung

Schalottengrün, Minze und Erbsen (roh) unter den heißen Gemüse-Risotto heben, roten Reis untermischen.

Varianten

Calamarfilet oder Garnelen in Öl anbraten und auf dem Reis verteilen. Statt in Wasser kann der Risotto auch in Weißwein geköchelt werden.

Brotsalat Oberfeld

ca. 40 g Rucola	in Streifen schneiden.
8 Scheiben Brot vom Vortag	in Wasser einweichen. Ca. 10 Minuten einziehen lassen, Wasser ausdrücken. Brotscheiben in kleine Stücke zerpflücken und in eine Schüssel geben.
100 g Zucker-Erbsen mit Schote	Erbsen aus den Schoten lösen, ca. 5 - 10 Minuten kochen, abkühlen lassen. Erbsen zum eingeweichten Brot hinzufügen.
1 kleine junge Zwiebel	würfeln und ebenfalls hinzufügen.
2 Tomaten	in größere Stücke schneiden.
6 Radieschen	in dickere Scheiben schneiden.
1 kleine Bio-Gurke mit Schale	in Würfel schneiden.

Salat-Sauce	
4 EL Leinöl	Alle Zutaten zu einer Sauce mischen.
2 EL weißer Balsamico-Essig oder Zitrone	
Salz und Pfeffer	

Fertigstellung
Alle Zutaten und die Salat-Sauce leicht mischen.

Bemerkungen
Schmeckt im Sommer gekühlt am besten. Wenn die Zeit zum Kühlen knapp ist, kann man auch 2 - 3 Eiswürfel untermischen. Brotsalat eignet sich hervorragend zur Verwendung von Brotresten.

Varianten
kann je nach Erntezeit auch mit Minze statt Rucola, Mairübchen, Paprika und grob geraspelten Karotten angefertigt werden. In Italien haben wir schon oft die Variante mit Basilikum und Kapern gegessen.

Rahmzucchini nach Omis Art

ca. 2 kg Zucchini (1 riesige Zucchini)	schälen (wenn die Schale sehr dick ist), aushöhlen (Kerne entfernen) und die äußeren Hälften fein raspeln.
1 große Zwiebel	schälen, würfeln und in
1 EL Margarine	glasig schmoren. Die geraspelten Zucchini zu den Zwiebeln geben. Mit
3 TL Salz	würzen, danach mit
Pfeffer	würzen.
	Ca. 10 Minuten köcheln lassen.
3 EL Essig	zugeben und nochmals 10 - 15 Minuten köcheln.
150 g Crème fraîche	zugeben.
1 kleinen Bund Petersilie	fein hacken und zugeben.
1 EL Mehl	darüberstreuen, damit das Gemüse etwas sämiger wird, und nochmals 5 Minuten köcheln lassen.

Bemerkungen
Schmeckt sehr lecker zu Bratkartoffeln oder Getreidebratlingen. Das Gericht ist für die Verarbeitung von riesigen Zucchini geeignet.

Varianten
Schmeckt auch lecker, wenn man die Zucchini grob in Stifte schneidet und etwas kürzer köchelt.

Irina und Andreas Talmon l'Armée

Zucchini-Sauce (zu Pasta)

1 mittelgroße Zwiebel	schälen und in feine Stücke schneiden.
1 - 2 Zehen Knoblauch	schälen, fein hacken.
Ca. 500 g Zucchini	in mittelgroße Würfel schneiden.
80 - 100 g Schinkenspeck oder Landschinken	in feine Streifen schneiden. (Auch Serrano-Schinken ist möglich).
3 EL Olivenöl	in einer Pfanne erhitzen. Zuerst Zwiebel und Knoblauch anbraten, bis sie eine hellgoldene Farbe haben. Danach die Zucchiniwürfel zugeben und ganz leicht anbraten. Mit
ca. 3 cl Sherry medium dry	ablöschen und den Schinken dazugeben.
Salz	nach Belieben hinzugeben und alles ein wenig köcheln lassen. Ggf. etwas Wasser beigeben, falls das Gemüse zu trocken wird.
1 - 2 EL Crème fraîche	unterrühren.
Schwarzen Pfeffer	nach Bedarf hinzufügen.

Bemerkungen
Süßer Sherry kann auch verwendet werden. Trockenem Sherry dagegen fehlt die leichte Süße, die gut zu den Zucchini passt. Als nicht-alkoholische Alternative zu Sherry kann ein guter Traubensaft genommen werden, allerdings erhält die Sauce dann einen etwas anderen Charakter.

Jutta Weber-Karn

Bohnen im Speckmantel

ca. 500 g Bohnen	putzen und ca. 20 Minuten kochen. Wasser abgießen und auf die Seite stellen.
ca. 100 g Parmesan	reiben.
1 Becher Sahne (150 g)	in eine Schüssel geben und
ca. 1 Glas Weißwein	hinzufügen. Mit
Salz, Pfeffer (Zitronen-pfeffer)	würzen, die Hälfte des Parmesan hinzufügen.
ca. 15 Scheiben Bacon	Immer ein paar Bohnen zusammen in einen Streifen Bacon wickeln (= Bohnen-Päckchen).

Fertigstellung

Die Bohnen-Päckchen in eine gefettete Auflaufform legen. Mit der Sahne-Wein-Mischung übergießen, so dass sie zu ca. 1/3 überdeckt sind. Dann den restlichen Parmesan darüber streuen. So lange im 180 Grad heißen Ofen (Umluft) lassen, bis der Speck knusprig und der Parmesan braun ist. Das dauert ca. 20 Minuten.

Bemerkungen

Als Hauptgericht passen dazu einfach Salzkartoffeln, als Beilage passt dieses Gericht gut zu Steaks.

Varianten

Statt Weißwein kann man ersatzweise Gemüsebrühe und hellen Essig nehmen.

Kathrin Ullrich

Grüne Bohnen mit Räuchertofu

250 g frische Tomaten	kleinschneiden und ca. 5 Minuten in einer Pfanne in
1 EL Olivenöl	anbraten. (Wer keine Schale mag, kann die Tomaten auch vorher von der Schale befreien: einfach kurz in kochendes Wasser geben, danach Schale abziehen.) Auf die Seite stellen.
600 g grüne Buschbohnen	putzen, halbieren und ca. 10 Minuten blanchieren.
1 Päckchen Räuchertofu	würfeln und in
4 EL Olivenöl	anbraten, bis er anfängt, braun zu werden.
1 große Zwiebel	würfeln und mit dem Tofu schmoren, bis die Zwiebel glasig wird.

5 EL Olivenöl	hinzugeben. Tomaten und Bohnen hinzugeben und mit
Bohnenkraut, Salz, Pfeffer	abschmecken. Nochmals ca. 5 Minuten schmoren.

Bemerkungen

Schmeckt lecker mit Baguette oder einem Brot aus der Oberfeld-Hofbäckerei.

Irina und Andreas Talmon l'Armée

Gemüsekuchen mit Schafskäse

Teig

100 g kalte Butter	in kleine Stücke schneiden und mit
200 g Mehl	und
1 Ei	und
1 Prise Salz	zügig zu einem Teig verkneten. Diesen sogleich in einer gefetteten Spring- oder Tarte-Form (26 cm Durchmesser) ausrollen. Einen 4 - 5 cm hohen Rand hochziehen. Backform mit Teig für 30 Minuten in den Kühlschrank stellen.

Belag

Je 1 - 2 Zwiebeln und Knoblauchzehen	fein hacken und in
4 EL Olivenöl	anbraten.
2 mittelgroße Zucchini	grob würfeln und mitbraten.
3 Paprika	grob würfeln und mitbraten.
1 große Chili	kleinschneiden (Vorsicht: sehr scharf) und
1 Handvoll getrocknete Tomaten	kleinschneiden und ebenfalls mitbraten.
1 EL Herbes de Provence	dazugeben und mitgaren. Ganz zum Schluss
Pfeffer	nach Belieben und
Salz	zugeben, erst jetzt, damit das Gemüse kein Wasser mehr zieht. Falls doch, sollte die Brühe noch verkochen.
	Während des Garens des Gemüses den Backofen auf 180 Grad vorheizen.
	Zwischenzeitlich kann der Guss hergestellt werden:

Guss

200 g Schafskäse	in eine Schüssel geben und mit einer Gabel klein zerdrücken.
50 g Joghurt	dazugeben,
2 Eier	dazugeben.
Salz und Pfeffer	hinzufügen und alles gut miteinander verschlagen.

Fertigstellung

Teigboden mehrmals mit einer Gabel einstechen und 10 Minuten vorbacken. Danach Gemüse gleichmäßig auf dem vorgebackenen Boden verteilen und Guss darüber geben. 30 Minuten im heißen Ofen fertig backen.

Bemerkungen

Die Schärfe der Chilis sitzt vor allem in den Scheidewänden, an denen die Kerne sitzen. Falls man es etwas milder möchte, Chili längs aufschneiden und Scheidewände und Kerne entfernen.

Jutta Weber-Karn

Spanischer Kartoffelkuchen

1 kg Kartoffeln	waschen, schälen. Mit dem Gemüsehobel in dünne Scheiben schneiden,
ca. 500 g geputzte Zwiebeln oder Lauch	mit dem Gemüsehobel (Lauch: in dünne Scheiben) schneiden,
etwas Speck (nach Belieben)	in Würfel schneiden. Kartoffeln und Zwiebeln bzw. Lauch mit Speck mischen und in einer Pfanne mit
ca. 6 EL Olivenöl	anbraten bis die Zwiebeln glasig und die Kartoffeln fast gar sind, aber noch Biss haben. Mit
Salz und Pfeffer	würzen. Kartoffel-Zwiebelmischung etwas abkühlen lassen. In der Zwischenzeit
6 Eier	in einer großen Schüssel verquirlen, mit
Salz und Pfeffer	würzen.

Fertigstellung

Die abgekühlte Kartoffel-Zwiebelmischung zu den Eiern geben, gut untermischen und in die erneut mit Öl gefettete Pfanne geben. Die Masse bei geringer bis mittlerer Hitze langsam stocken lassen. Jetzt muss man etwas Geduld haben, denn das dauert ca. 15 - 20 Minuten. Ruhig zwischendurch den Deckel auflegen. Wenn die Eiermasse gestockt ist, den Kartoffelkuchen mit Hilfe eines Deckels wenden. Evtl. wieder etwas Öl in die Pfanne geben und den Kartoffelkuchen hineingleiten lassen, damit er auch auf der anderen Seite nochmals ca. 10 Minuten gart.

Bemerkungen

Dazu einen grünem Salat reichen.

Jochen Heidel, Ellen Sons-Brinkmann

Schmorgurken mit Hackfleisch

1 Zwiebel	schälen, kleinschneiden und in
etwas Öl	anschwitzen.
500 g Hackfleisch	darin anbraten bzw. angaren.
5 - 6 Bauerngurken	ungeschält oder geschält in Längsrichtung vierteln. In kleine Würfel schneiden und in die Pfanne zum Hackfleisch geben; zusätzliches Wasser ist nicht erforderlich. Mit
Pfeffer	und
2 - 3 TL Gemüsebrühe-Extrakt	würzen,

ca. ¹⁄₃ Tube Tomatenmark (70 g)	hinzufügen.
	Ca. ½ Stunde köcheln lassen.

Bemerkungen

Am besten mit Kartoffeln (Salz- oder Pellkartoffeln) servieren. Schmorgurken schmecken aber auch zu Reis.

Hartmut Stolzmann

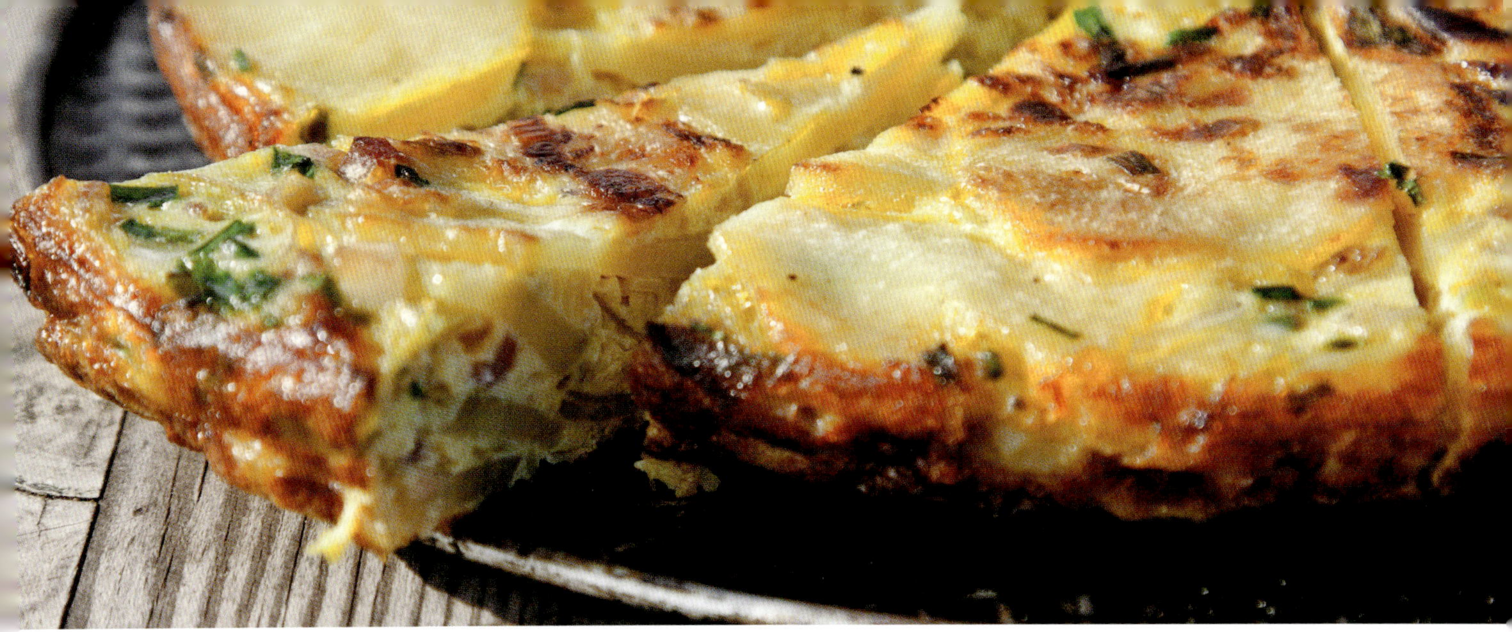

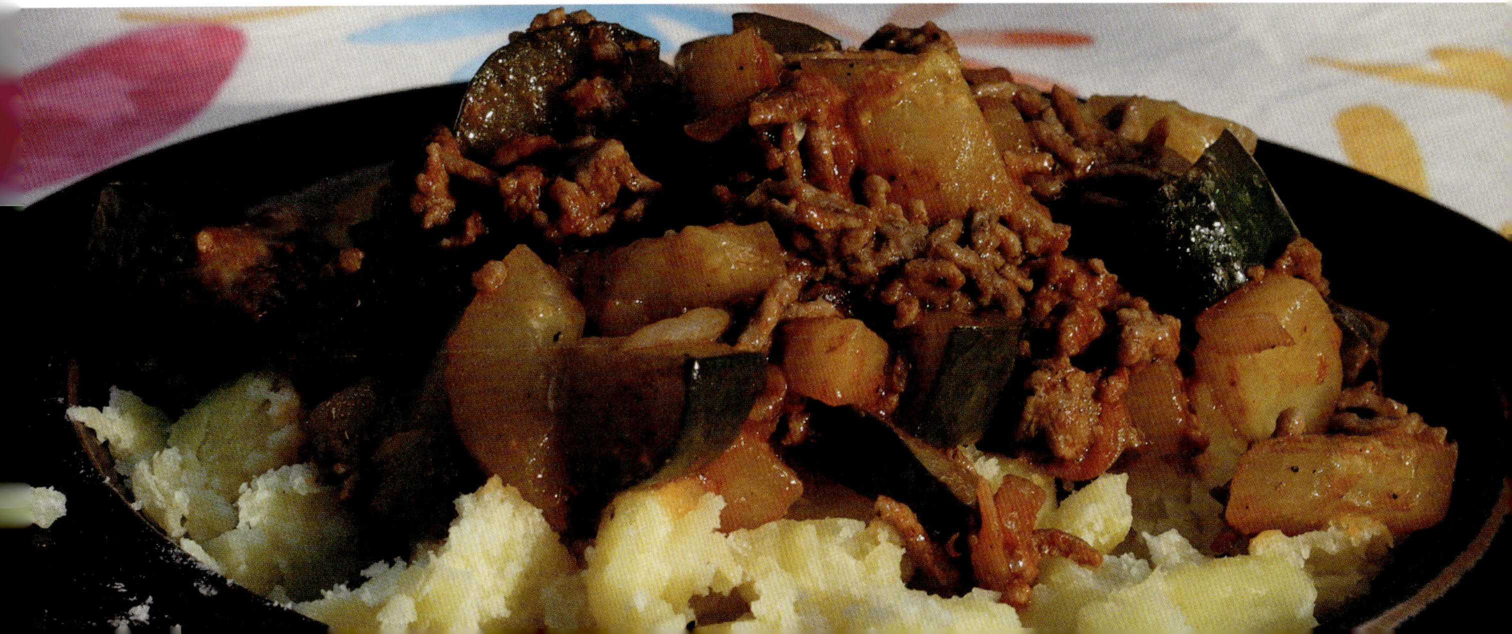

Brokkoli Bratlinge

Brokkoli Bratlinge	
400 g geputzten Brokkoli	in Salzwasser ca. 10 Minuten kochen. Wasser mit einem Sieb abgießen, abkühlen lassen. Brokkoli grob zerkleinern.
100 g Zucchini	grob raspeln.
je 1 Zwiebel und Knoblauchzehe	schälen und kleinschneiden.
50 g Hartkäse	fein reiben. Alle Zutaten grob mischen.
4 Eier	und
200 g feine Haferflocken	hinzufügen und alles mischen. Mit
Salz und Pfeffer	abschmecken. Alle Zutaten mischen und mit der Hand 8 - 10 Bratlinge formen. Flachdrücken und in einer Pfanne in
2 EL Olivenöl	auf beiden Seiten je 3 - 5 Minuten braten bis sie knusprig sind.

Joghurt -Sauce	
300 g Joghurt	mit
3 EL Quark	verrühren.
1/2 - 1 Zitrone	auspressen, Saft unter die Joghurt-Quark-Masse rühren.
2 - 3 Prisen	Curry und
1 TL Senf	hinzufügen,
1 - 2 TL Korianderkörner	grob zerstoßen und ebenfalls unterrühren. Zum Schluss
1 EL Leinöl	unterrühren und mit
Salz und Pfeffer	abschmecken.

Bemerkungen
Mit Joghurt-Sauce und gemischtem Salat servieren.

Varianten
Die Bratlinge schmecken auch lecker mit einer Tomaten-Sauce.

Zucchini-Lasagne ohne Nudeln

Hackfleisch-Sauce	
1 Zwiebel	kleinhacken.
2 Knoblauchzehen	kleinhacken und mit Zwiebeln in
2 EL Olivenöl	in einer Pfanne anbraten.
400 - 500 g Hackfleisch	hinzufügen und anbraten.
1 - 2 Karotten	bei Bedarf schälen und kleinschneiden, zum Hackfleisch geben und mitbraten.
1 Bund Petersilie, etwas Selleriegrün	hacken und hinzufügen.
1 Glas pürierte Tomaten (400 - 500 g)	oder noch besser frische, gehackte Tomaten zufügen und mitkochen.
0,1 l Süße Sahne	hinzufügen und mit
Salz, Pfeffer, Chili, Cayennepfeffer, Rosenpaprika oder anderen Gewürzen	nach Belieben abschmecken.
100 g Hartkäse oder Mozzarella	reiben bzw. in Scheiben schneiden.

Zucchini	
1 sehr große Zucchini (oder 3 - 4 kleine Zucchini)	z.B. auf einem Käsehobel dünn in „Schuhsohlen" hobeln.
1 EL Olivenöl	zum Einfetten der Auflaufform.

Fertigstellung

Die Auflaufform mit Olivenöl einfetten. Zunächst eine Schicht Hackfleischsoße in die Auflaufform füllen. Danach anstelle von Lasagne-Blättern die Zucchini-Scheiben. Dies immer abwechseln.

Mit einer Saucen-Schicht abschließen. Mit etwas Käse oder Mozzarella bedecken und bei 200 Grad Umluft ca. 20 - 30 Minuten im Ofen überbacken, bis der Käse geschmolzen ist. Wenn die Zucchini-Scheiben recht dünn sind, ist die Backzeit sehr kurz.

Bemerkungen

Diese Lasagne schmeckt köstlich - und das ganz ohne Nudeln! Diese werden durch gehobelte Zucchini ersetzt. Dafür können die Zucchini auch schon sehr groß geworden sein, so dass sich dieses Gericht besonders in Zeiten einer Zucchini-Schwemme eignet.

Bei der Sauce sind der Fantasie keine Grenzen gesetzt: Man kann sie gut z.B. mit Ajvar (Paprikamus) oder Weißwein ergänzen!

Frauke Stolzmann

Bohnen mit Lammfleisch

Bohnen, Kräuter und Tomaten

500 g Buschbohnen	putzen, in ca. 5 cm lange Stücke schneiden. 15 - 20 Minuten in Salzwasser gar kochen. In einem Sieb abtropfen lassen.
1 - 2 Knoblauchzehen	kleinschneiden. Frisches
Bohnenkraut, Thymian, Rosmarin und Salbei	kleinschneiden.
2 große Tomaten	halbieren.

Lammfleisch

4 Lammsteaks (aus der Keule) oder 8 Lammkottelets	leicht mit Olivenöl einreiben, mit Bohnenkraut, Thymian, Salbei und Rosmarin würzen.

3 EL Olivenöl	in einer Pfanne erhitzen, Fleisch auf jeder Seite ca. 2 Minuten bei mittlerer Hitze braten. Aus der Pfanne nehmen und auf einem Teller im Backofen bei ca. 150 Grad warmstellen. Mit
Salz und Pfeffer	würzen.

Fertigstellung

Knoblauchzehen in der Pfanne, in der das Fleisch gebraten wurde, kurz anbraten. Bohnenkraut, Tomaten und Bohnen hinzufügen.
Solange erhitzen, bis die Tomaten angebraten und die Bohnen heiß sind. (ca. 5 Minuten). Mit Salz und Pfeffer würzen. Fleisch aus dem Backofen nehmen, gemeinsam mit Bohnen und Tomaten servieren.

Kartoffeln im Backofen

1 kg neue Kartoffeln	(vorwiegend festkochend) waschen, mit einer Gemüsebürste gut abbürsten. In Viertel schneiden.
	In einer Auflaufform oder auf einem Backblech bei 200 Grad im Backofen solange backen, bis die Oberfläche leicht braun wird (ca. 50 Minuten).
Kräuter nach Belieben (Bohnenkraut, Oregano, Rosmarin, Salbei, Thymian)	vor dem Backen oder während der Backzeit über die Kartoffeln streuen.

1 - 2 EL Olivenöl	kurz vor dem Ende der Backzeit auf den Kartoffeln verteilen. Nach dem Backen mit
Pfeffer und Salz	würzen.

Bemerkungen

Gute Bio-Kartoffeln schmecken auch pur gebacken ohne Kräuter und Olivenöl wunderbar und sind dann mit einem gemischten Salat zusammen eine leckere Hauptspeise.

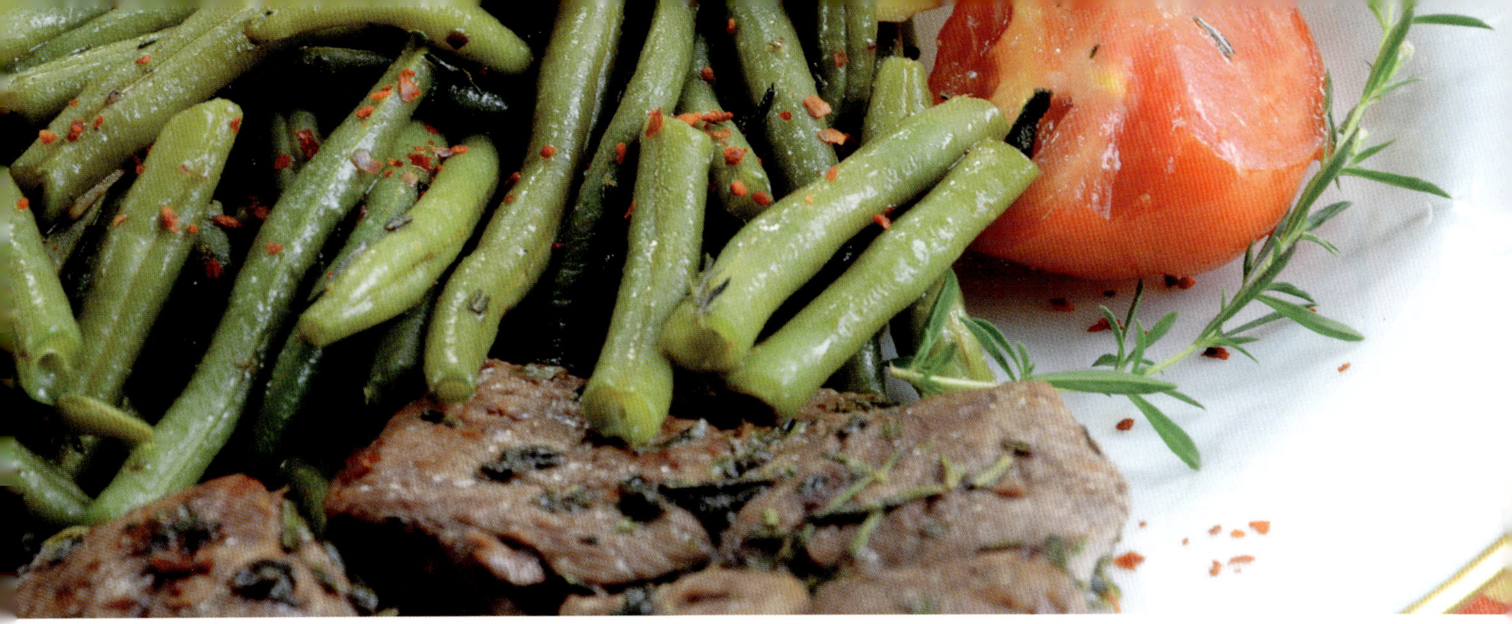

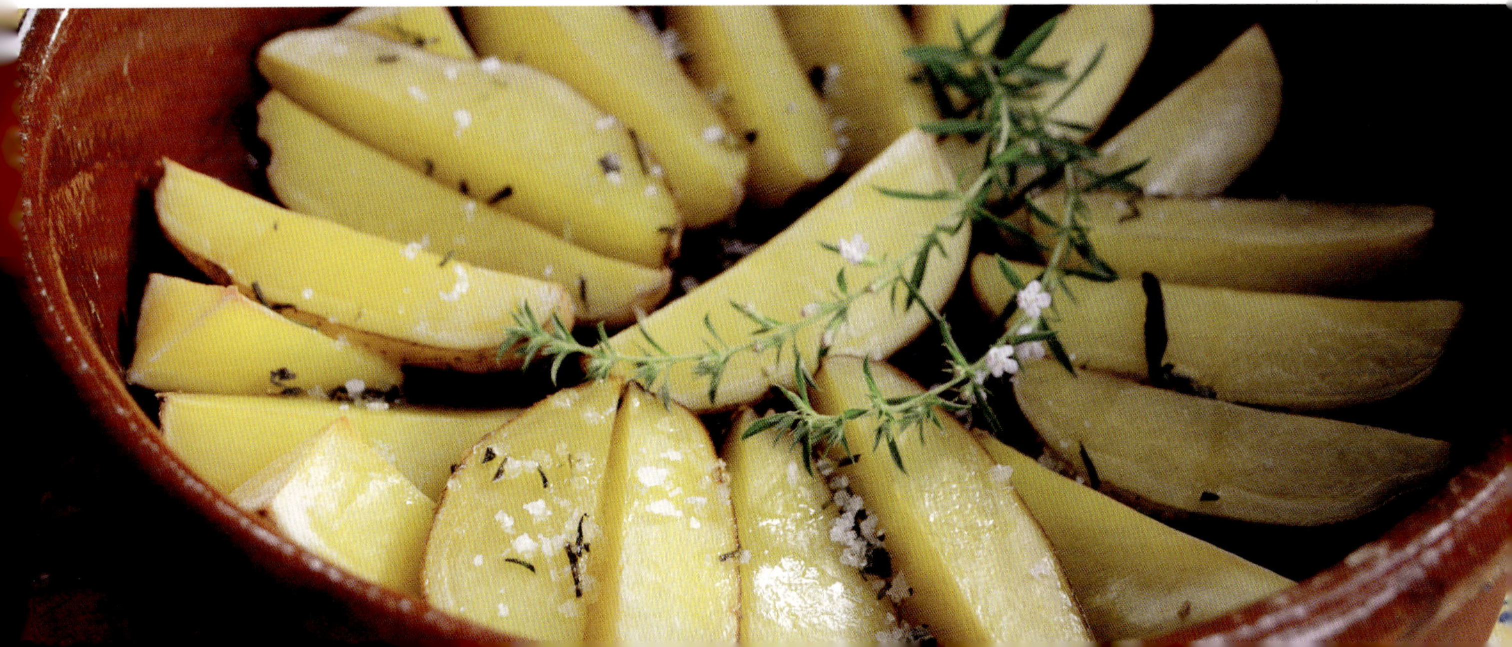

Ofenkartoffeln mit körnigem Frischkäse

	Den Backofen auf 180 Grad vorheizen.
4 große Kartoffeln	waschen und mit der Gabel an mehreren Stellen einstechen. Kartoffeln ca. 45 Minuten im Ofen garen.
150 g rote Linsen	waschen und mit der doppelten Menge Salzwasser 7 - 10 Minuten kochen. Das Kochwasser absieben, die Linsen kalt abbrausen und gut abtropfen lassen.
1 kleine Gartengurke	waschen und in kleine Würfel schneiden. Zusammen mit den Linsen und
400 g körnigem Frischkäse	in eine Schüssel geben und mit

Meersalz, gemahlenem Pfeffer	abschmecken.
1 Bund Schnittlauch	waschen, trocken schütteln und in kleine Röllchen schneiden.

Fertigstellung

Die Kartoffeln längs aufschneiden und auf den Tellern anrichten. Mit der Käsemischung füllen und mit den Schnittlauchröllchen garnieren.

Daria Höfler-Lai

Zucchini-Kürbis-Gratin

300 g entkernten Kürbis	schälen (abhängig von der Kürbissorte) und in 1 cm dicke Scheiben schneiden.
300 g Zucchini	putzen und in 2 cm dicke Scheiben schneiden.
2 rote Zwiebeln	schälen und in Ringe schneiden. Kürbis, Zucchini und Zwiebel dachziegelartig in eine Auflaufform legen.
1 Zweig Estragon	waschen, Blätter abzupfen, abtrocknen, kleinschneiden.
1 Zweig Liebstöckel	waschen, Blätter abzupfen, abtrocknen, kleinschneiden.
	Kleingeschnittenen Estragon und Liebstöckelblätter in der Auflaufform verteilen.

100 ml Sojacreme	mit
100 ml Sahne	und
80 g Butter	kurz aufkochen. Sauce mit
Salz und Pfeffer	würzen. Sauce über die Gemüse gießen, sie sollen weitestgehend bedeckt sein.
70 g schmackhaften Käse	reiben.

Fertigstellung

Geriebenen Käse über das Gemüse und die Sauce streuen und alles 35 - 45 Minuten bei 180 Grad Umluft im Ofen backen, bis das Gratin goldbraun ist.

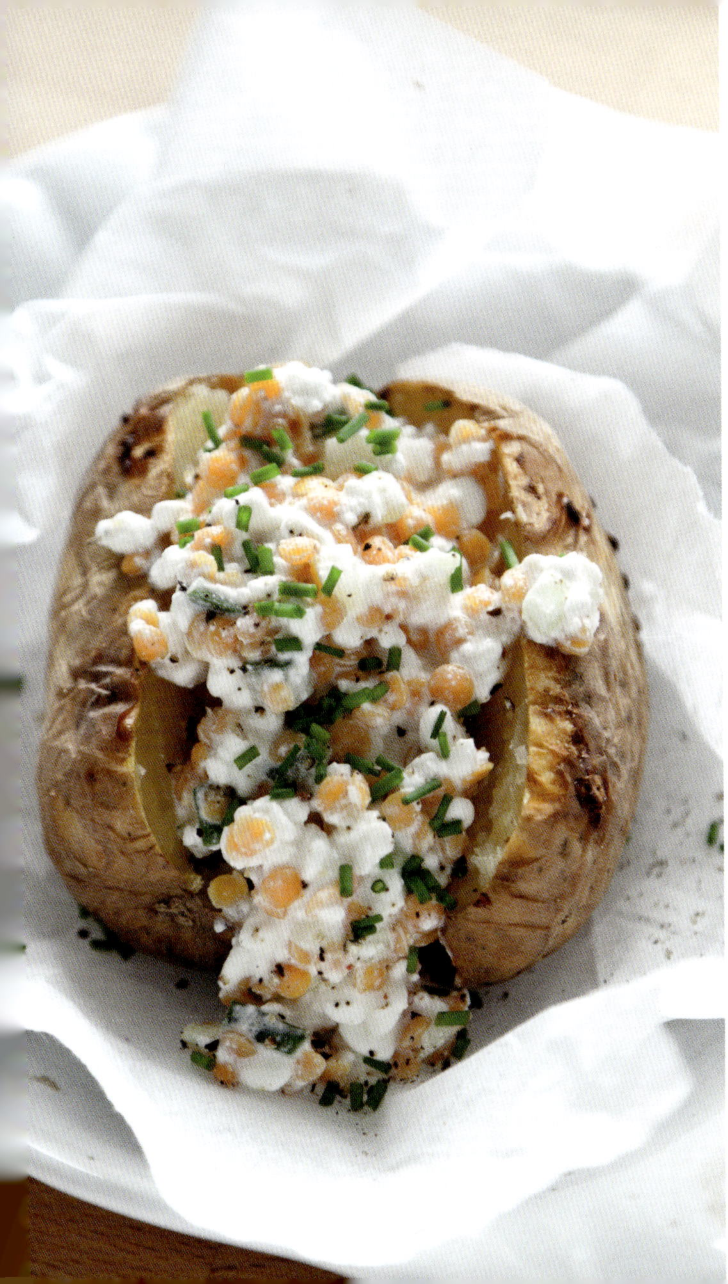

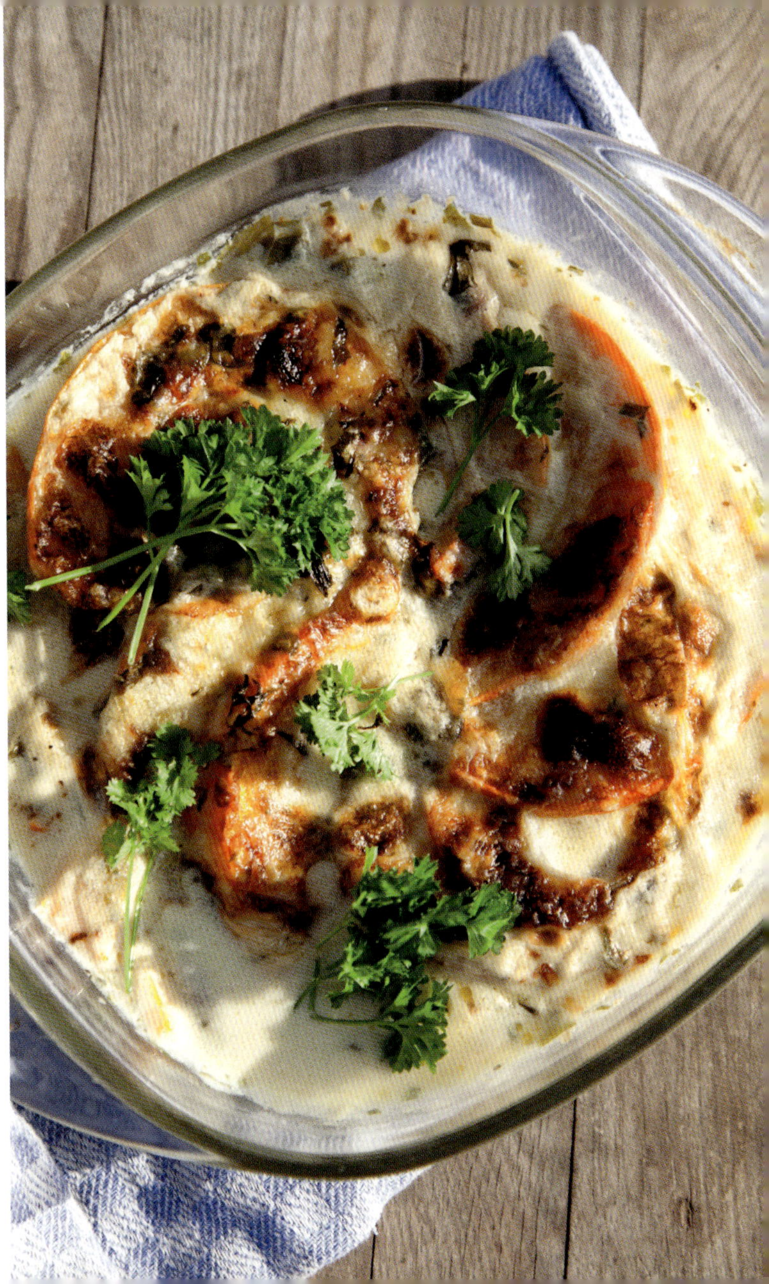

Zucchini-Spaghetti

750 g nicht allzu große Zucchini	„spaghettisieren" (in einem Spiralisierer, wenn man diesen nicht hat, kann man auch einen Julienne-Schneider nehmen oder die Zucchini mit einem Sparschäler oder Hobel längs schneiden und mit einem Messer zu feinen Streifen verarbeiten).

Sauce	
3 - 4 mittelgroße Tomaten	grob zerteilen.
1 Handvoll getrocknete Tomaten	30 Minuten einweichen (mit dem Einweichwasser kann man am Schluss die Konsistenz der Sauce anpassen) und danach mit
1 - 2 Knoblauchzehen	und
1 Prise Cayennepfeffer	im Mixer glatt pürieren,
frischen Oregano, evtl. Basilikum, 1 Bund Petersilie	hinzufügen und leicht pulsieren (mehrmals kurz anmixen), bis die Kräuter fein gehackt sind.
1 Bund Rucola	etwas kleinschneiden und mit der Sauce vorsichtig unter die rohen Zucchini-Spaghetti heben (am besten mit 2 Gabeln).
Nährhefe oder geriebenen Parmesan	zum Garnieren bereitstellen.
1 Handvoll rohe Zedern- oder Pinienkerne oder gehackte Walnüsse oder Mandeln	zum Garnieren bereitstellen. Mit
etwas Salz, frisch gemahlenem Pfeffer und Olivenöl	abschmecken.

Fertigstellung

Zucchini-Spaghetti und Sauce auf Tellern anrichten. Mit Nährhefe bzw. frisch geriebenem Parmesan und Zedern- oder Pinienkernen oder gehackten Walnüssen/Mandeln bestreuen.
Noch frischen Pfeffer und/oder Olivenöl darüberträufeln. Fertig.

Bemerkungen

Sauce und Zucchini-Spaghetti werden roh gegessen.
Die Sauce kann man sehr gut vorbereiten, die Spaghetti sollten jedoch erst kurz vor dem Essen gemacht werden, da sie ansonsten Wasser ziehen. Eine Handvoll Rosinen verleiht der Sauce einen gewissen Kick.

Judith

Gemüsekuchen

Teig	
250 g Weizenmehl Type 550	
160 g Butter	Alle Zutaten für den Teig zusammenkneten.
1 Ei	Teig für mindestens ½ Stunde in den Kühlschrank stellen.
½ TL Salz	

Belag	
250 g Buschbohnen	putzen, in Stücke schneiden.
150 g Mangold	putzen, zerkleinern, in Streifen schneiden und mit den Bohnen kurz etwas anblanchieren, damit die Gemüse später richtig gar werden.
Je 1 Zwiebel und Knoblauchzehe	in kleine Würfel schneiden.
3 Tomaten	ebenfalls in kleine Würfel schneiden.
1 Paprika	Kerne entfernen und in eine ähnliche Form wie die Tomaten bringen.
Etwas Olivenöl	erhitzen, Zwiebel und Knoblauch darin andünsten, die anderen Gemüsesorten hinzufügen, kurz mitdünsten. Mit
Salz und Pfeffer	abschmecken.

Sauce	
1 Handvoll gemischte Kräuter	kleinhacken und für die Sauce mit
250 g Reissahne (oder Schmand)	und
1 Ei	mischen.

Fertigstellung

Den Teig aus dem Kühlschrank nehmen und rund ausrollen, so dass er in eine gefettete Kuchen- oder Quicheform passt. Die Seiten des Teiges leicht hochdrücken. Jetzt den Teigboden mit einer Gabel einige Male einstechen.

Das Gemüse gleichmäßig auf dem Teigboden verteilen. Die Sauce über dem Gemüse verteilen. Ca. 1 Stunde bei 170 Grad backen.

Lena Nicklas

Buchweizen-Crêpes mit Sommergemüse

Buchweizen-Crêpes	
150 g Buchweizen	fein mahlen (bzw. 150 g Buchweizen-Mehl) und mit
2 Eiern	verrühren.
0,25 l Wasser	hinzufügen und
1 - 2 EL Öl (oder geschmolzene Butter)	unterrühren. Den Teig ½ Stunde quellen lassen. Mit
Salz	am Schluss würzen (ergibt 8 kleine Crêpes).

Sommergemüse	
300 g Buschbohnen	putzen, in 5 cm lange Stücke schneiden und 20 Minuten in Salzwasser kochen.
10 - 12 mittlere Karotten	schälen, in Scheiben schneiden und in
2 EL Öl oder Butter	andünsten.
2 große Zwiebeln	in halbe Ringe schneiden und zu den Karotten geben.
2 kleine Stangen Lauch	putzen, in Ringe schneiden, waschen und hinzugeben.
	Alles etwa 5 Minuten dünsten.
½ - 1 Zitrone	auspressen und Saft hinzufügen. Mit
0,1 l Sahne	auffüllen, die gekochten Bohnen hinzufügen und alles nochmals 10 Minuten schmoren lassen. Mit
Salz, Pfeffer, wenig Curry	abschmecken. Sommergemüse warm stellen.

50 g Bergkäse	reiben.
Petersilie	fein hacken und für die Garnitur bereitstellen.
2 EL Sonnenblumenkerne	zum Bestreuen des Gemüses bereitstellen.

Fertigstellung

Eine Pfanne dünn mit Öl ausstreichen. Teig für die Buchweizen-Crêpes dünn in die Pfanne geben. Von beiden Seiten kurz in der Pfanne backen. Fertige Crêpes warm stellen. 4 Crêpes auf 4 Tellern anrichten. Das Sommergemüse darauf verteilen. Etwas geriebenen Käse und Sonnenblumenkerne darüberstreuen. Mit einem zweiten Crêpe abdecken. Dabei den zweiten Crêpe nach hinten umschlagen. Nochmals leicht mit Käse bestreuen. Mit Petersilie garnieren.

Varianten

Statt Zitronensaft kann auch 0,05 l Wein oder Gemüsebrühe verwendet werden.

Nudeln mit Auberginen (Pasta alla Norma)

3 mittelgroße Auberginen	quer in ca. 0,5 cm dicke Schreiben schneiden. Scheiben auf einen Teller legen, mit Salz bestreuen und ca. 30 Minuten einwirken lassen. Das Salz entwässert die Auberginen, beim Backen saugen sie nicht so viel Öl auf.
1 Knoblauchzehe	fein hacken.
6 mittelgroße Tomaten	kleinschneiden.
2 EL Olivenöl	in einem Topf erhitzen. Knoblauch kurz anbraten, Tomaten hinzufügen und bei milder Hitze köcheln lassen (ca. 20 Minuten). Mit
Salz und Pfeffer	würzen, warm stellen.
320 - 500 g Penne (Röhren-nudeln)	nach Packungsanweisung bissfest (al dente) kochen.
4 EL Olivenöl	in einer großen Pfanne erhitzen. Auberginenscheiben ausdrücken, bis sie relativ trocken sind. Von beiden Seiten schön goldbraun anbraten.
100 g Hartkäse (am besten Ricotta salata, Pecorino oder Parmesan)	grob reiben.
2 - 3 Zweige frisches Basilikum	waschen, Blätter abzupfen.

Fertigstellung
Nudelwasser abgießen. Nudeln auf einer Platte anrichten. Tomaten-Sauce darübergießen, einen Teil des Käses darauf verteilen, Auberginen darauf verteilen. Basilikumblätter und den Rest des Käses darüberstreuen.

Bemerkungen
Ist das typische vegetarische Gericht von Catania auf Sizilien. Es gibt unzählige Rezept-Varianten. Die Zutaten wachsen im Saisongarten, deshalb haben wir es hier aufgenommen, weil es uns an viele Urlaube erinnert!

Varianten
An Stelle der aus frischen Tomaten zubereiteten Sauce können auch Bio-Tomaten aus dem Glas verwendet werden.

Pizza Saisongarten

Hefeteig	
500 g Weizenmehl, Type 550	abwiegen.
2 EL Öl	und
1 TL Salz	hinzugeben, verrühren. In der Mitte eine Mulde formen.
½ Würfel frische Hefe	zerkrümeln und auf das Mehl in die Mulde geben.
300 ml warmes Wasser	Einen Teil (ca. 1/3) des Wassers in die Mulde geben und verrühren. Das restliche Wasser zugeben. Zu einem lockeren Teig verkneten. Den Teig ca. 1 Stunde an einem warmen Ort gehen lassen. Vor der weiteren Verarbeitung nochmals durchkneten.

Belag	
8 mittelgroße Tomaten	in Scheiben schneiden, das Grüne entfernen.
1 gelbe Paprika	Strunk entfernen und entkernen, in Streifen schneiden.
2 mittelgroße Zucchini	putzen und in ca. 0,5 cm dicke Scheiben schneiden.
80 g Schinkenspeck	in Streifen schneiden.
50 g Rucola	grob in Streifen schneiden.
2 Packungen Mozzarella	(je 125 g Abtropfgewicht): Mozzarella in ca. 0,3 cm dicke Scheiben schneiden.
Salz, Pfeffer, frischer Thymian	zum Würzen.
2 EL Olivenöl	

Fertigstellung

Backofen auf 250 Grad vorheizen. Teig ca. 1 cm dick ausrollen. Teig auf ein eingefettetes Backblech oder 2 eingefettete runde Formen (28 cm Durchmesser) geben. Zunächst die Tomatenscheiben und den Schinkenspeck auf dem Teig verteilen.

Danach alle anderen Gemüse darüber verteilen. Salz, Pfeffer sowie Thymian darüberstreuen. Mit Mozzarella Scheiben belegen. Am Schluss die Hälfte der Rucola-Blätter darüber streuen und etwas Olivenöl über dem Gemüse verteilen. Ca. 15 Minuten bei 250 Grad backen. Nach dem Backen die restlichen Rucola-Blätter auf der Pizza verteilen.

Varianten

mit Hefeteig, Tomaten (wenn noch keine Saison ist, kann man auch Bio-Tomaten aus der Dose/dem Glas verwenden) und Mozzarella als Basis kann man je nach Erntesaison auch andere Gemüse für die Pizza verwenden.
Statt Rucola kann natürlich auch Basilikum verwendet werden. Einfach ausprobieren.

Massaman Gemüsecurry

Currypaste	
1 EL Öl	in einer Pfanne erhitzen.
je 1 TL Koriandersamen, Kardamomsamen, Pfeffer	
8 Gewürznelken	
¼ TL Fenchelsamen	Gewürze im Öl bei schwacher Hitze 1 - 2 Minuten rösten.
1 große Zwiebel	fein hacken.
2 - 3 Knoblauchzehen	fein hacken.
je 1 TL Ingwerwurzel und Zitronengras	fein hacken.
4 getrocknete Chilischoten oder ¼ TL Chilipulver	mit Zwiebel, Knoblauch, Zitronengras, Ingwer, Chili zur Gewürz-Öl-Mischung geben.
1 TL Muskat	hinzufügen und alles fein pürieren.

Gemüse	
3 EL Öl	in einem großen Topf erhitzen.
Currypaste	im Öl bei mittlerer Hitze ca. 2 Minuten anschwitzen.
1 kg Gemüse quer durch den Garten	putzen, in Stücke schneiden und zur Currypaste geben.
2 - 3 Kaffirlimetten und Lorbeerblätter	hinzufügen.
3 TL braunen Zucker und Salz	hinzufügen.
250 ml Wasser	hinzufügen und alles ca. 20 Minuten köcheln lassen.

450 ml Kokosmilch aus der Dose	einrühren und nochmals 4 Minuten köcheln und evtl. leicht eindicken lassen.
1 EL Limettensaft	hinzugeben und bei Bedarf mit
Thai-Basilikum	garnieren.

Bemerkungen

Mit Reis servieren. Wem die Herstellung der Currypaste zu aufwendig ist, kann eine fertige Mischung kaufen. Das Rezept ist toll für alle Gemüsesorten aus dem Saisongarten.

Varianten

durch unterschiedliches Gemüse der Saison.

Dorothee Stolzmann

Gefüllte Zucchini

1 große Zucchini	waschen, halbieren, entkernen und mit
Salz und Paprika	bestäuben.
150 g Putenbrustfilets	waschen, trocknen, in mittlere Stücke schneiden. In
2 EL Sonnenblumenöl	anbraten, bis sie gebräunt sind. Eine
Würzmischung aus je 1/8 TL	Salz, Pfeffer, Chilipulver, Paprikapulver, Knoblauchpulver, frisch gemahlenen Koriandersamen, gemahlenen Senfkörnern, gemahlenen Kreuzkümmelsamen, gemahlenen Fenchelsamen, gemahlenen Selleriesamen, frischem oder gerebeltem Majoran, frischem oder gerebeltem Oregano und frischem oder gerebeltem Thymian herstellen.

	Die Hälfte der Würzmischung an die Putenstreifen geben und unterrühren.
etwas Öl	in eine Auflaufform geben und die Zucchini hinein setzen. Die zweite Hälfte der Würzmischung mit
1 ½ EL Sonnenblumenöl	anrühren und auf die ausgehöhlten Zucchini streichen.

Fertigstellung

Die Putenbruststücke in die Aushöhlungen der Zucchini füllen und bei 180 Grad ca. 30 Minuten im vorgeheizten Backofen garen lassen. Gegen Ende der Garzeit mit einem Holzstäbchen prüfen, ob die Zucchini bereits weich sind. Ggf. die Garzeit verlängern.

Familie Sieke

Linsen-Reis-Zucchini-Bratlinge

1 Kaffeetasse Reis	(ca. 160 g) mit
2 Kaffeetassen Wasser	und
½ TL Salz	kochen bis das Wasser aufgesogen ist.
1 Kaffeetasse gelbe Linsen	(ca. 180 g) waschen und mit
2 Tassen Wasser	und
½ TL Salz	kochen bis sie weich sind (ca. 10 Minuten), restliches Wasser abgießen.
½ mittelgroße Zucchini	raspeln und mit
Salz und Pfeffer	und
1 TL Gemüsebrühe-Pulver	und
2 Eiern	mischen.

	Alle Zutaten miteinander vermischen und
ca. 4 EL Mehl	dazugeben, um die Zucchiniflüssigkeit zu binden.
etwas Sonnenblumenöl	in einer Pfanne erhitzen.

Fertigstellung

Mischung mit einem großen Esslöffel zu Bratlingen formen und portionsweise in die Pfanne setzen. Von beiden Seiten goldbraun braten. Bratlinge auf Küchenkrepp zum Entfetten geben.

Familie Sieke

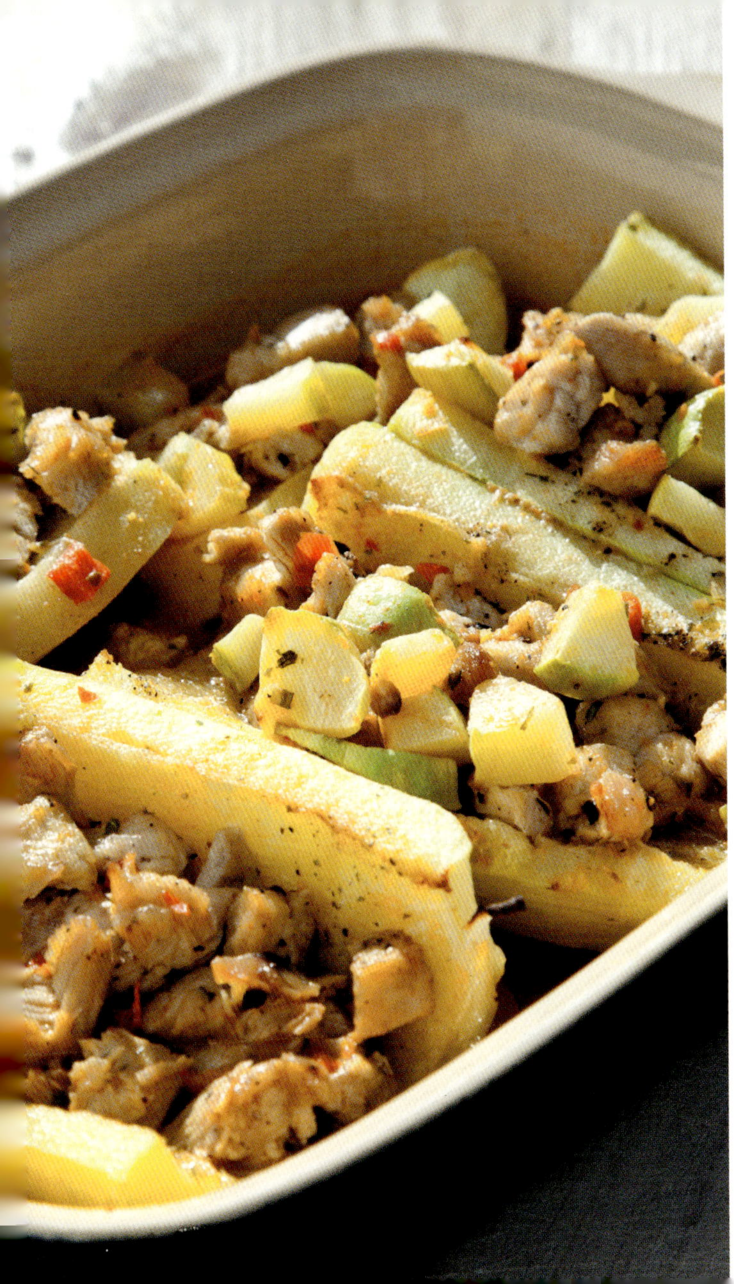
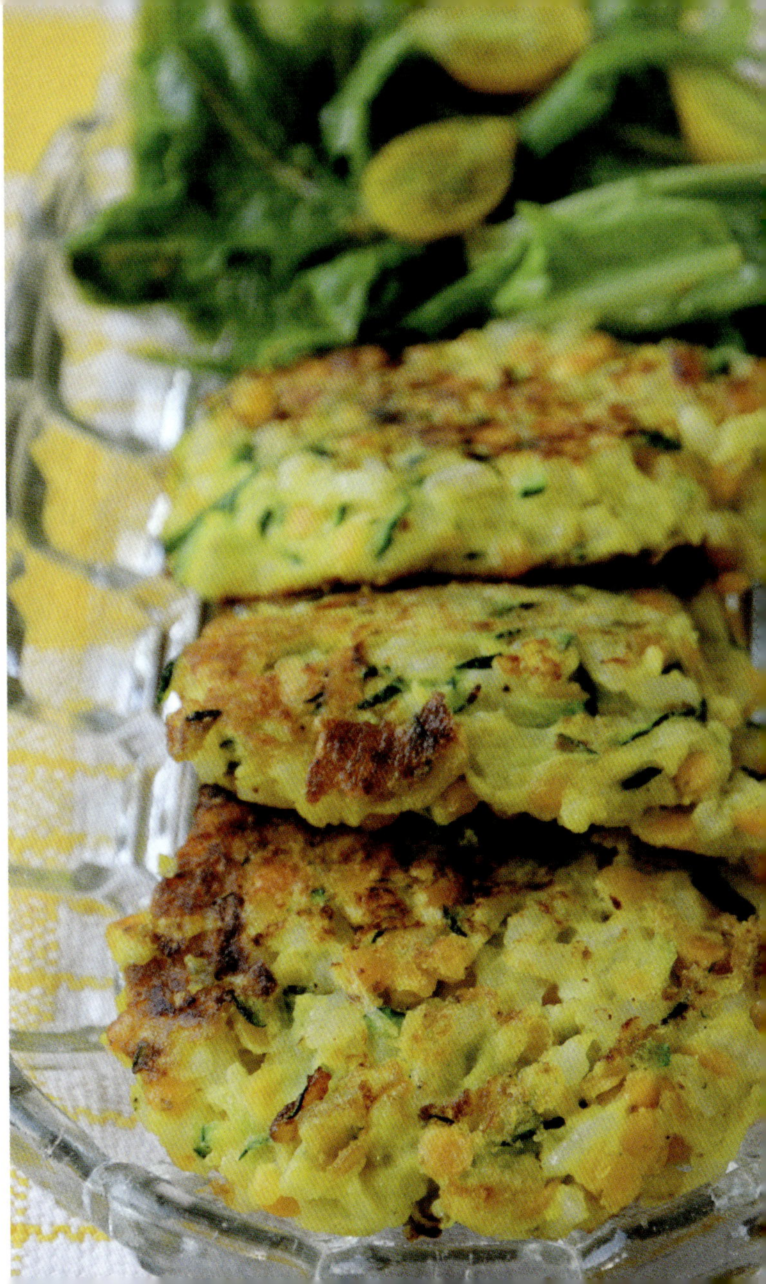

Wirsing-Forellen-Tarte

Teig	
150 g Weizenmehl, Type 550	und
1 Ei	vermischen.
½ TL Salz	hinzufügen und
½ TL Backpulver	untermischen.
40 g Butter	Alle Zutaten zu einem Teig verkneten.
	Fertigen Teig in Klarsichtfolie einschlagen und ½ Stunde kalt stellen.

Wirsing-Belag	
6 - 8 große Wirsingblätter	waschen und kleinschneiden.
1 große	Zwiebel in
2 EL Öl	anbraten, Wirsing zufügen und alles ca. 20 Minuten weich dünsten, bei Bedarf Wasser zufügen. Abkühlen lassen.

2 Eier	mit
100 g Sahne	verquirlen.
½ TL Salz, Pfeffer nach Belieben	hinzufügen.
100 g geräuchertes Forellenfilet	in Stücke schneiden.
1 Bio-Zitrone	abwaschen, in Scheiben schneiden und vierteln.

Fertigstellung

Eine Form (26 cm Durchmesser) einfetten. Den Teig ausrollen und darin so verteilen, dass ein ca. 2 cm hoher Rand entsteht. Den Wirsing-Belag auf dem Teig verteilen. Mit Forellenfilet und Zitronen-Vierteln belegen. Die Sahne-Eiermasse darüber gießen und ca. 30 Minuten bei 200 Grad backen. Leichte Tarte, Vor-/Nachspeise dazu empfehlenswert

Mangold-Pilz-Pfanne

500 g frische Mischpilze	reinigen und in Stücke schneiden.
300 g Schnittmangold	waschen und in dünne Streifen schneiden.
Je 2 Zwiebeln und Knoblauchzehen	kleinhacken.
30 g Butter	in einer Pfanne erhitzen, Zwiebeln und Knoblauch darin bei mittlerer Hitze goldgelb anbraten. Pilzstücke in die Pfanne geben und 4 Minuten bei geschlossenem Pfannendeckel köcheln lassen. Dann die Schnittmangoldstreifen hinzufügen.

½ Zitrone	auspressen und 2 EL Zitronensaft hinzufügen, mit
Salz und Pfeffer	abschmecken. Weitere 4 Minuten köcheln lassen.
250 g Sahne	darübergießen und aufkochen lassen. Mit
Petersilie	verzieren.

Bemerkungen:

Mit Nudeln oder Reis servieren.

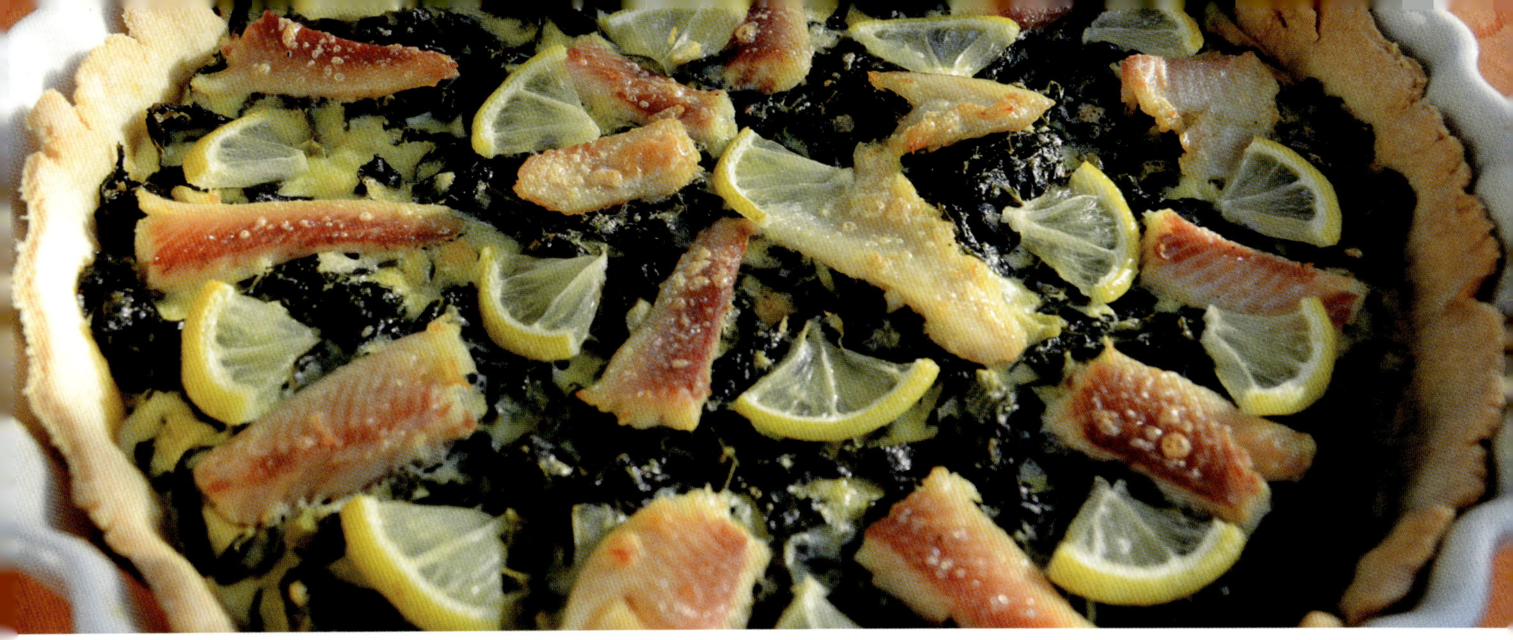

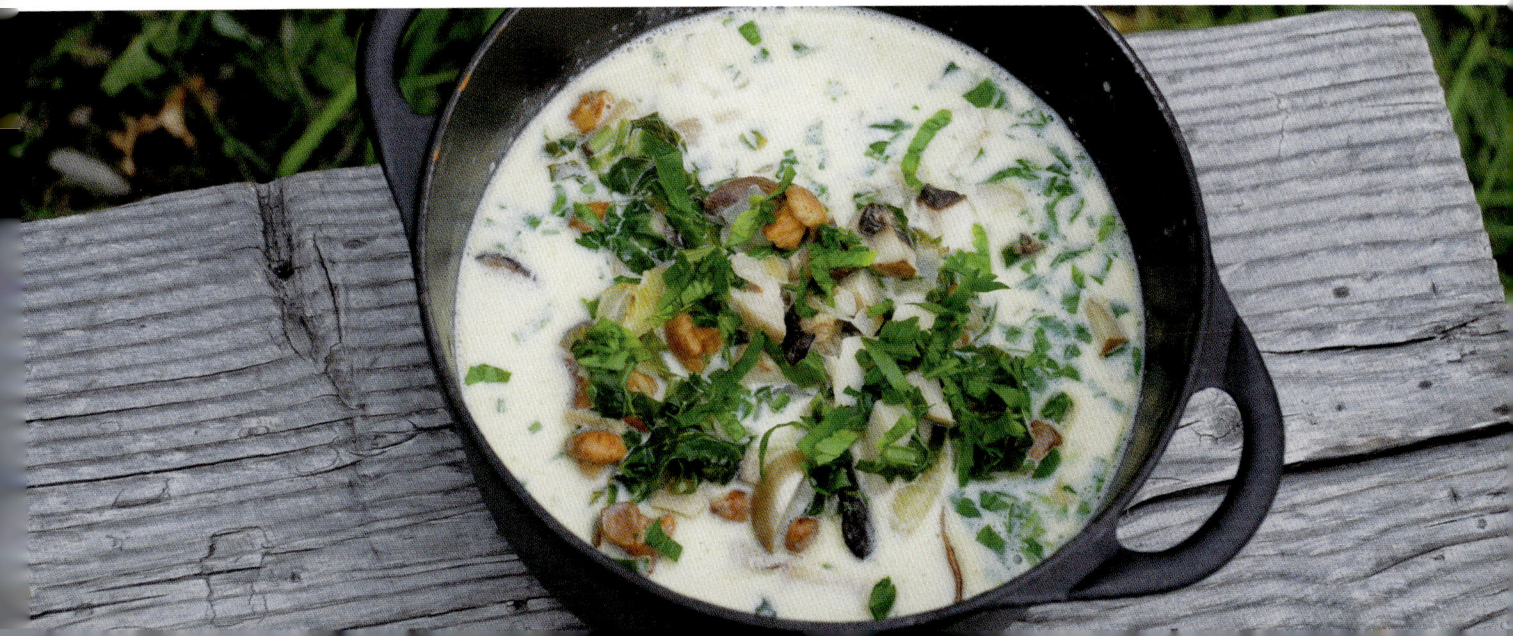

Pasta mit Kürbis

300 g geschälten, entkernten Kürbis	(am besten Muskatkürbis, alternativ Hokkaido- oder Butternut-Kürbis) grob in Stücke schneiden und ganz knapp mit Wasser bedecken.
1 TL Zucker	und
½ TL Salz	dazugeben und 20 Minuten weich kochen. Pürieren.
2 kleine Bund Lauch-zwiebeln	in feine Ringe schneiden (alternativ: eine mittelgroße, helle Zwiebel in feine Streifen schneiden) und mit
2 - 3 EL Olivenöl	in einer Pfanne bei milder Hitze ca. 5 Minuten glasig dünsten, nicht bräunen.
10 getrocknete Tomaten	(nicht in Öl eingelegt) in feine Streifen schneiden und dazugeben. Weitere 2 Minuten dünsten.
	Die Hitze hochstellen und mit
100 ml trockenem Weiß-wein	ablöschen. Etwas einkochen lassen. Die Kürbismasse und
200 ml Gemüsebrühe	zufügen.
1 Stück Ingwer (walnuss-groß)	und
etwas frische rote Chili	fein hacken und zufügen. Einkochen lassen, die Sauce soll dickflüssig sein. Vom Herd nehmen und
1 EL gute, kalte Butter	flöckchenweise mit einem Schnee-besen unterrühren. Mit
Pfeffer und Salz	abschmecken. Vorsicht beim Salzen, da in der Kürbismasse und fertigen Ge-müsebrühen schon Salz enthalten ist.
Kürbiskernöl	für das Anrichten der Pasta.
Parmesan	reiben.

Pasta

400 g Penne- oder Rigatoni-Nudeln	in der Zwischenzeit nach Packungsan-gabe al dente kochen.

Fertigstellung

Pasta mit Kürbis-Sauce mischen und mit einigen Tropfen Kürbiskernöl und frisch geriebenem Parmesan anrichten.

Bemerkungen

Die Kürbismasse kann man gut in größeren Mengen vorbereiten und einfrieren.

Cataldo Procacci

Krautfleckerl

1 kleinen Weißkohl	mit einem breiten langen Messer halbieren, dann vierteln. Den Strunk in der Mitte herausschneiden, die groben Rispen auch. Dann alles in Quadrate von 2 - 3 cm Kantenlänge schneiden.
½ Paket Lasagne-Nudeln	Lasagne-Blätter in etwa so groß wie die Weißkohlblätter zerbrechen.
	Die Kohlstücke in kochendes Wasser geben. Eine Schüssel mit Eiswasser bereitstellen. Nach 2 Minuten den Kohl aus dem Wasser fischen (nicht abgießen!) und zum Abkühlen kurz ins Eiswasser schütten. Wieder herausholen und abtropfen lassen.
	Im noch kochenden Kohl-Wasser die Lasagne-Nudeln ca. 10 Minuten kochen. Am besten ab und zu testen, wann sie gut sind. Abgießen. Mit
etwas Olivenöl	mischen, damit keine Klumpen entstehen.
ca. 2 EL Öl	in einem Topf erhitzen,
3 - 4 EL Zucker	im Öl auflösen.
1 Zwiebel	und

2 - 3 Knoblauchzehen	kleinschneiden und im Öl glasig dünsten.
Speckwürfel	nach Belieben hinzufügen.
	Kohl und Nudeln dazugeben,
Kümmel	nach Geschmack hinzufügen,
ca. 75 g Sahne	unterrühren. Alles gut mischen und mit
Salz und Pfeffer	würzen. Am Schluss noch
ca. 75 g kräftigen Käse	reiben und daruntermischen.

Kathrin Ullrich

Lauch-Risotto

2 mittelgroße Stangen Lauch	in ½ cm breite Ringe schneiden. Waschen.
2 Karotten	schälen, in Würfel schneiden.
25 g Butter	in einem Topf erhitzen.
300 - 350 g Risotto-Reis (z.B. Arborio)	in den Topf geben und in der Butter kurz anschwitzen. Karotten und Lauch hinzufügen und 5 Minuten anbraten.
1 - 2 Lorbeerblätter	hinzufügen. Von
1 - 1 ½ l heißer Gemüse- oder Fleischbrühe	zunächst so viel Brühe hinzufügen, dass Reis und Gemüse gut bedeckt sind. Bei mittlerer Hitze köcheln lassen, bis die Flüssigkeit aufgesogen ist. Dabei immer wieder einmal umrühren. Danach immer wieder eine Schöpfkelle voll Brühe hinzufügen, Flüssigkeit einkochen lassen, umrühren. Solange wiederholen, bis die Brühe aufgebraucht ist und eine sämige Masse entstanden ist. (je nach Reis-Sorte: ca. 20 - 25 Minuten). Mit
Salz und Pfeffer	abschmecken.
50 g Parmesan	reiben. Die Hälfte direkt unter den Risotto rühren, die andere Hälfte darüberstreuen.

Varianten

Schmeckt auch gut, wenn man ein Glas trockenen Weißwein einrührt und die Menge der Brühe entsprechend verringert.

Schon wenige getrocknete kleine Steinpilzstücke verleihen dem Risotto einen noch intensiveren Geschmack. Dazu die Steinpilzstücke mit dem Lauch und den Karotten zum Reis geben.

Grünkohl-Auflauf

1 - 1½ kg Grünkohl	putzen, gründlich waschen, abtropfen lassen. Stiele entfernen. In reichlich Salzwasser ca. 30 - 45 Minuten bissfest kochen. Wasser abgießen und nach dem Abkühlen grob hacken.
250 g gekochten Schinken	in Streifen schneiden.
250 g Gouda mittelalt	grob raffeln, mit
200 g Crème fraîche	verrühren und mit
Salz und Pfeffer	würzen.
50 g gemischte Salatkerne z.B. Sonnenblumenkerne, Kürbiskerne, Sojakerne, Pinienkerne, Mandeln	bereitstellen.

Bemerkungen
Mit gekochten Kartoffeln oder einfach so genießen. Rezept reicht für 4 Personen.

Varianten
Schmeckt auch lecker als Rosenkohlauflauf. Dazu 1 kg Rosenkohl putzen und die Stiele der Röschen kreuzweise einschneiden. In Salzwasser ca. 15 Minuten bissfest kochen. Abgießen und gut abtropfen lassen. Dann weiter wie beim Grünkohlauflauf.

Simone Serba

Fertigstellung
Den Grünkohl in eine gefettete Auflaufform geben, die Schinkenstreifen und die Käse-Crème-fraîche-Mischung darauf verteilen und mit den Salatkernen bestreuen. Im vorgeheizten Backofen bei 250 Grad (Ober und Unterhitze) auf der 2. Einschubleiste von unten ca. 10 Minuten überbacken.

Kartoffelgratins

Variante 1: Kartoffelgratin mit Äpfeln und Nüssen

400 - 500 g Kartoffeln	waschen, schälen.
2 große säuerliche Äpfel	schälen, Kerngehäuse entfernen.
2 rote Zwiebeln	schälen, in gleichmäßige Scheiben schneiden und dachziegelartig abwechselnd in eine Auflaufform legen.
100 ml Sahne	mit
100 ml Sojacreme	und
100 g Butter	aufkochen, mit
Salz, Pfeffer	würzen und über das Gemüse geben.
100 g herzhaften Käse (z.B. Comté oder Edamer)	reiben und über die Kartoffelmischung streuen. In einer eingefetteten Auflaufform bei 180 Grad Umluft für 30 - 45 Minuten backen. Nach 2/3 der Backzeit
100 g Walnüsse	halbieren oder vierteln und auf dem Gratin verteilen.

Variante 2: Kartoffel-Pastinaken-Gratin

500 g Kartoffeln	waschen, schälen, in feine Scheiben hobeln.
250 g Pastinaken	waschen, schälen, in feine Scheiben hobeln.
4 Karotten	waschen, schälen, in feine Scheiben hobeln.
150 g Mangold oder Wirsing	waschen und in ca. 3 cm breite Streifen schneiden. Gemüse abwechselnd in eine eingefettete Auflaufform schichten.
2 Eier	mit
1/8 l Sahne	und
etwas Milch	mischen.
50 - 80 g Bergkäse	reiben und unter die Eier-Sahne-Mischung geben. Mit
Salz, Pfeffer, Muskat	würzen. Alles über die Kartoffel-Pastinaken-Mischung gießen und ca. 45 - 60 Minuten im Backofen bei 200 Grad überbacken.

Bemerkungen
Dazu passt Endivien-Salat.

Gans vom Oberfeld *(für 8 - 10 Personen)*

1 Bio-Gans (4 - 5 kg schwer)	Gans waschen, innen gut salzen.
1 - 2 Pastinaken	schälen und in Stücke schneiden,
4 - 5 Karotten	schälen und in Stücke schneiden,
1 Petersilienwurzel	schälen und in Stücke schneiden,
3 - 4 Äpfel	ungeschält in Achtel schneiden und
3 - 5 Zwiebeln	schälen und in Viertel schneiden. Alle Zutaten in die Gans füllen. Gans mit Holzspießchen zustecken oder zunähen.

Fertigstellung

Bratenrost des Backofens in die 2. Schiene von unten schieben. Braten- oder Fettpfanne unter den Bratenrost schieben. Gans mit der Brust nach oben auf den Bratenrost legen. Backofen nach dem Einschieben der Gans auf 190 Grad Ober-/Unterhitze einstellen. Bratzeit insgesamt ca. 3 Stunden, nach einer Stunde die Gans wenden. In den letzten 10 Minuten die Temperatur auf 250 Grad erhöhen und die Gans mit Salzwasser bestreichen. Wenn man eine Sauce zubereiten will, sollte man zu Beginn des Bratvorgangs ca. 1/8 l Wasser in die Fettpfanne gießen.

Das sich in der Fettpfanne ansammelnde Fett dann während des Bratvorgangs gelegentlich abschöpfen. Einen Teil davon nach Belieben über die Gans gießen. Am Schluss des Bratvorgangs den Bratensatz entfetten, ggf. Wasser oder Gemüsebrühe zugeben und mit einem Bindemittel wie z.B. Stärke andicken.

Rotkraut zur Gans vom Oberfeld *(für 8 - 10 Personen)*

ca. 1 kg Rotkraut	äußere Blätter entfernen, den Kopf vierteln und mit einem Krauthobel fein hobeln.
1 Zwiebel	in Würfel schneiden.
2 Äpfel	schälen, in Achtel schneiden.
50 g Butter oder Gänseschmalz	in einem Topf erhitzen, Zwiebel hinzugeben, kurz andünsten, Rotkraut hinzugeben, 5 - 10 Minuten andünsten, Äpfel hinzugeben.
200 ml Rotwein	zugeben, etwa
200 ml Gemüsebrühe	zugeben, so dass das Kraut gerade bedeckt ist.

2 EL schwarzen Johannisbeergelee	zugeben. Mit
2 - 4 Wacholderbeeren	und
2 - 4 Gewürznelken	sowie
1 Lorbeerblatt	würzen und bei geschlossenem Deckel und geringer Hitze garen, bis das Rotkraut weich ist (45 - 60 Minuten).
Etwas Zucker, Salz, Pfeffer	nach Ende der Kochzeit zufügen, mit
ca. 2 EL dunklem Balsamico-Essig	abschmecken.

Raclette mit Oberfeld-Zutaten

600 - 800 g Raclette-Käse	in 0,3 cm dicke Scheiben geschnitten.
600 - 800 g Kartoffeln	zu Pellkartoffeln verarbeiten (ungeschält in Salzwasser je nach Größe 20 - 30 Minuten kochen, schälen).
	Raclette-Käse in Pfännchen in einem Tisch-Raclette-Gerät schmelzen lassen. Pellkartoffeln auf einen Teller legen. Wenn der Käse geschmolzen ist, über die Pellkartoffeln geben. Wenn man kein Raclette-Gerät besitzt, kann man die Käsescheiben auch nach und nach im Backofen oder Grill bei 200 Grad schmelzen lassen. Dazu passen folgende Zutaten aus dem Saisongarten:
süßsauer eingelegte Zucchini	
Zucchini-Chutney	
süßsauer eingelegte Gurken	
Eingelegte Bohnen	
Mairübchen-Pickles	
Sauerkraut	
Zwiebeln	in Scheiben geschnitten und im Pfännchen mitgegrillt.
Kürbisstücke	kurz blanchiert und mit Salz und Pfeffer bestreut.
Lauch	in Ringe geschnitten und im Pfännchen mitgegrillt.
und alles, was noch aus dem Saisongarten gelagert ist	

Bemerkungen

Wir haben bewusst hier kein genaues Rezept aufgeschrieben, wollen nur mal wieder an das gute Raclette erinnern, das besonders an kalten Tagen schmeckt. Auch hier kann man mit den Gemüsen aus dem Saisongarten leckere Kombinationen zaubern und in kleiner oder größerer Runde genießen. Guten Appetit!.

Oma Mias Krautwickel (Haluschky)

300 g Milchreis oder Risottoreis	in warmes, gesalzenes Wasser geben und einweichen.
1 großen Weißkohl oder Wirsing	waschen, alte und unschöne Blätter entfernen. Strunk soweit heraus- schneiden bis die Blattstiele nicht mehr miteinander verbunden sind. Kohl mit Strunkloch nach oben in einen Topf mit kochendem Salzwas- ser geben. Mit Deckel abdecken. Eine große Schüssel mit Eiswasser beiseite stellen. Nach wenigen Minuten Kohlblätter am Stiel mit einer Gabel abtrennen. Blatt sofort in Eiswasser legen. Die Blätter dürfen nur leicht angegart sein. Das überbleibende Kohlinnere mit den kleinen Blättern wird klein gehackt und beiseite ge- stellt. Von den blanchierten Kohlblät- tern die 5 größten beiseite stellen. Von den übrigen Blättern die dicken Teile des Blattkiels mit einem Messer abfla- chen. Stielseite bündig abschneiden.
Reichlich Butter	in einer Pfanne erhitzen.
3 Zwiebeln	in kleine Würfel schneiden und mit
75 g gewürfeltem Dörr- fleisch	in der Butter andünsten. Zum Schluss
Majoran	einrühren. Vom Herd nehmen und etwas abkühlen lassen.
	Den eingeweichten Reis abtropfen lassen und zusammen mit Zwiebeln, Dörrfleisch und
300 g gemischtem Hack- fleisch	in eine Schüssel geben. Ordentlich
Salz und Pfeffer	dazugeben und gut durchkneten.
500 ml Gemüsebrühe	zubereiten.
500 ml Schmand	zum Servieren bereitstellen.

Fertigstellung

Zum Rollen der Rouladen nimmt man etwas Füllung und wickelt diese entlang der natürlichen Blattkrümmung mit dem Stiel zuerst ein. An- schließend stopft man vorsichtig mit dem Finger die überstehenden Blattteile in die Roulade. So sollten sie alleine halten, wenn nicht, kann man mit einer Schnur nachhelfen.

Den Boden eines großen Topfes mit 3 großen Blättern und den klein geschnittenen Kohlresten auslegen. Darauf werden die Rouladen gesta- pelt. Zwischen und auf die Rouladen verteilt man den restlichen klein geschnittenen Kohl. 500 ml Gemüsebrühe zugießen und alles mit den restlichen 2 großen Blättern bedecken. Bei kleiner Hitze zugedeckt ca. 30 Minuten köcheln. Fertige Rouladen mit ein paar Kohlschnipseln und viel Schmand servieren.

Varianten

Statt Reis kann man auch gelbe oder rote Linsen nehmen. Die Füllung wird dadurch noch lockerer und bekommt durch die Linsen einen feinen Geschmack. In der vegetarischen Variante ersetzt man das Hackfleisch durch Tofu oder nimmt nur eine Linsen-Gemüse-Füllung.

Kann auch mit Wirsing zubereitet werden. Dann sollte man die Blätter roh entfernen und nur kurz vorgaren.

Moritz Mainusch

Portraits und Geschichten vom Feld II

Interview mit Irina und Andy

Im Oktober 2011 reisten die Eltern von Irina und Andy in ihre Heimat, das Piemont. Mit einer Gruppe aus Neuhengstett, einer um 1700 gegründeten Waldensersiedlung in der Nähe von Calw, waren sie auf einer Geschichts- und Begegnungsreise in den Bergen des Piemont in den Cottischen Alpen.

Oben in den Bergen, im verlassenen Dorf Bourcet, steht das Refugio Serafin. In der Hütte des italienischen Alpenvereins servierte die Wirtin Franca den Gästen ein Gastmahl - und zum Abschied überreichte Bürgermeister Lazzarine als Geschenk jedem der Gastwaldenser eine Saatkartoffel der berühmten Bergkartoffel, die an den Hängen der Waldensertäler noch immer angebaut wird.

Die beiden Kartoffeln wurden den Kindern in Darmstadt übergeben, die einen Garten auf dem Oberfeld haben. Mit dem Auftrag an Irina und Andy eine schöne Ernte für den kleinen Waldenserkartoffelwettbewerb einzufahren. Und das ist ihnen gelungen: 2,2 kg aus nur 2 Kartoffeln! "Wir sind gespannt, was die anderen ernten konnten", sagen uns die Beiden, die auf ihrer Parzelle immer wieder neue Gemüsesorten ausprobieren.

Interview mit Cataldo Procacci ("Dino"), 44 Jahre

Dino hat schon bei den ersten Einsätzen am Oberfeld gemerkt, dass die Gartenarbeit bei ihm „etwas zum Klingen bringt". Und deshalb ist er regelmäßig am Oberfeld, wo er mit seiner Lebensgefährtin eine Parzelle hat. Es ist das erste Jahr der beiden. „Aber sicher nicht das letzte", lacht Dino.

Er ist begeisterter Koch und geht auch gerne mal in ein Sterne-Restaurant. In der gehobenen Sterne-Küche, sagt er, wird nachhaltig gearbeitet: die Tiere kommen aus artgerechter Haltung, das Gemüse kommt aus biologischem Anbau. „Top-Restaurants haben sogar ihre eigenen Gärten."

Dies sei ein Trend, der zum privaten Interesse des Darmstädters passt, der es liebt, mit dem Gemüse zu experimentieren, das er auf seiner Parzelle erntet. Er hat ein Repertoire an Rezepten, das er natürlich nun ergänzt, da auch mal ein Gemüse geerntet wird, das bislang nicht auf dem Speiseplan stand.

Was „Dino" am Oberfeld auch genießt: Er findet sich unter Menschen wieder, die so ähnlich denken wir er. „Gleichgesinnte eben, und keine Konsum-Zombies."

Interview mit Frauke, 39 Jahre

Frauke ist seit Oktober 2011 in Darmstadt und teilt sich mit ihrer Freundin, den Eltern, der Schwester und deren beiden vier und sechs Jahre alten Kindern einen Garten. Außerdem arbeitet sie auf dem Hofgut Oberfeld im Haus Lebensweg, wo Menschen mit Behinderung leben. Auch das Haus Lebensweg hat einen Saisongarten, der das Haus reichlich mit Gemüse versorgt.

Abends, wenn die Bewohner von ihren Arbeitsplätzen zurückkehren, geht es dann mit großen Schüsseln über die Straße zur Parzelle, um Gemüse für das Abendessen zu ernten: Salat, Zwiebel, Kräuter, Bohnen. „Oder wir pflücken Blumen für den Abendbrottisch", sagt Frauke.
Am Wochenende werden größere Mahlzeiten gekocht. Gemeinsam Gemüse zu ernten und zu schnibbeln macht Spaß: Jeder Beteiligte wird für eine Arbeit eingeteilt, die er gerne mag. „Da entdecken wir oft ganz neue Talente."

Für Frauke selbst ist das Gärtnern ein „wunderbarer Ausgleich" zum Job. Der Garten sei ihre Kraftquelle. Und die Freude über das Gemüse sei ebenso groß wie über die Kontakte, die sie auf dem Oberfeld knüpft.

Annette Wannemacher-Saal

Sommer

Herbst

Nachspeisen

Zucchini-Charlotte

1 Pk Gelatinepulver oder 2 TL Agar-Agar	in 4 EL Wasser einrühren und quellen lassen (Anweisungen der Packungen beachten).
350 g Zucchini	in Scheiben schneiden, in wenig Wasser weich kochen,
	Wasser abgießen.
150 g Zucchini	sehr klein hacken. Gequollene Gelatine (oder Agar-Agar) in die noch heiße Zucchini-Masse einrühren, die klein gehackten 150 g Zucchini hinzufügen und kurz aufkochen.
20 Blätter Zitronenmelisse	sehr fein hacken.
20 Blätter Minze	sehr fein hacken. Von
1 ½ Bio-Zitronen	Schale abreiben und auspressen, Zitronensaft mit
100 g Puderzucker	und
1 TL Vanille-Extrakt	mit der Zucchini-Masse verrühren und zum Festwerden kalt stellen.
200 g Schlagsahne	schlagen und unter die erkaltete Zucchini-Masse heben.
Ca. 12 Löffelbiskuits	und
kontrastierende Früchte	z.B. Johannisbeeren, Erdbeeren oder ähnliche Früchte zur Dekoration bereitlegen.

Fertigstellung

Einen Teil der Zucchini-Sahne-Masse auf den Boden einer Kasten- oder Glasform verteilen. 12 halbierte Löffelbiskuits senkrecht an den Rand der Form stellen. Die restliche Masse vorsichtig in die Form füllen und 2 Stunden im Kühlschrank kalt stellen. Eventuell ein Küchenbrett auf die Löffelbiskuits legen, damit sie stehen bleiben. Mit den kontrastierenden Früchten dekorieren.

Mit einem scharfkantigem Kartoffelwender die Zucchini-Charlotte in Stücke schneiden. Die Breite der Stücke richtet sich nach der Größe der Löffelbiskuits.

Bemerkungen

Als Geschmacksverstärker kann nach Belieben noch 1 EL Limoncello-Likör in die Zucchini-Masse eingerührt werden.

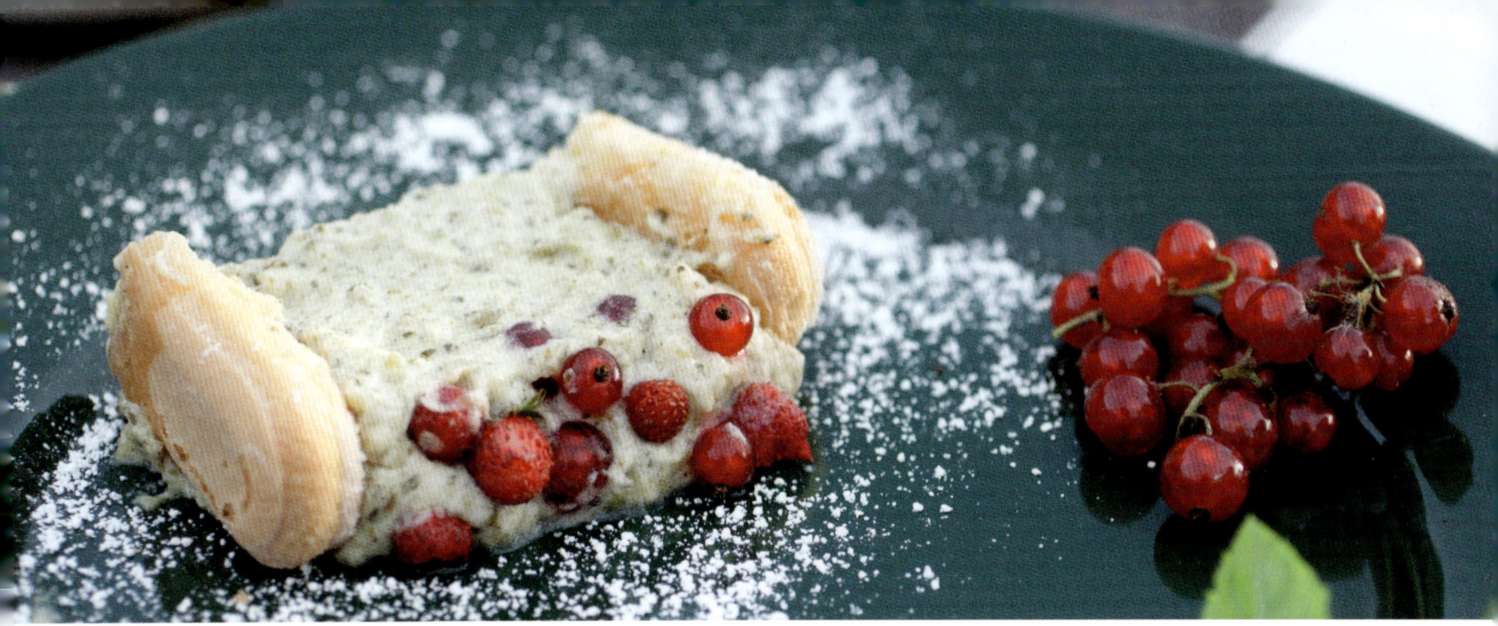
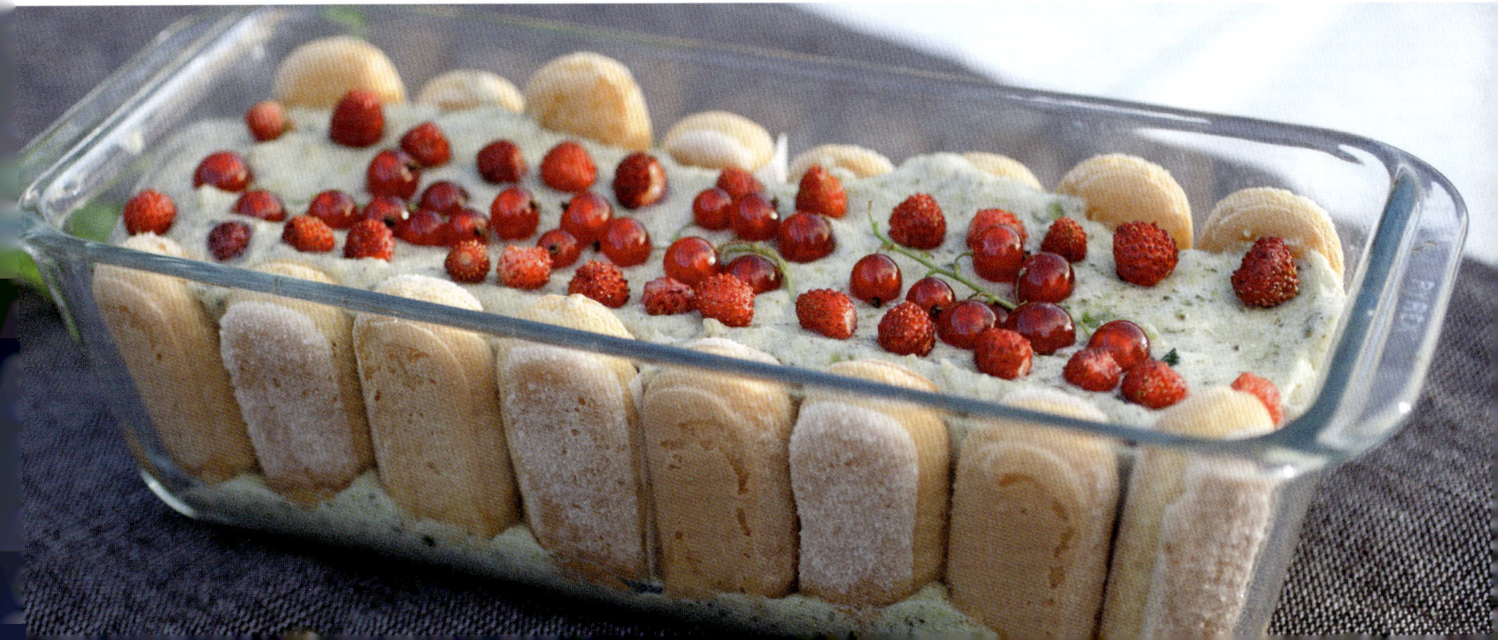

Zucchinikuchen

3 Eier	mit
150 g Rohrzucker	schaumig schlagen.
80 ml Öl	sowie alle weiteren Zutaten untermischen und gut mit dem Rührgerät zu einem Teig schlagen.
1 EL Vanillezucker	
350 g Vollkornmehl	
½ TL Salz	
1 TL Backpulver	
etwas Zimt	
½ TL Muskatnuss	
1 Msp gemahlene Nelken	
300 g Zucchini	grob raspeln.
80 g Zartbitter-Schokolade	hacken, mit den geriebenen Zucchini unter den Teig mischen.

Milch	Wenn der Teig zu fest wird, Milch hinzufügen (maximal ¼ Tasse).
Semmelbrösel oder Mehl und Fett	für die Form bereit stellen

Fertigstellung

Eine Kastenform einfetten, mit Semmelbröseln oder Mehl bestreuen. Die Teigmasse in die Kastenform füllen. Im Ofen bei 180 Grad ca. 75 - 90 Minuten backen.

Bemerkungen

Schnell gerührter Kuchen. Da der Flüssigkeitsgehalt der Zucchini von vielen Faktoren abhängt, sollte man die Milch erst am Ende zufügen, wenn der Teig zu fest ist.
Auch die Backzeit kann durch die verwendeten Zucchini variieren. Einfach mal ausprobieren!

Lena Nicklas

Zucchinicrumble (Süße Nachspeise mit Zucchini)

2 kleine Zucchini	putzen und in runde Scheiben schneiden.
1 Apfel	schälen und in kleine Scheiben schneiden. Zucchini und Äpfel in dachziegelartigen Reihen aufeinander in eine Keramik- oder Glasform legen. Von
½ Bio-Zitrone	Schale abreiben, Saft auspressen und mit
2 Päckchen Vanillezucker	über die Zucchini geben.
1 TL Zimt	über den Apfel pudern.
100 g zimmerwarme Butter	und

100 g Zucker	und
100 g Mehl	und
50 g gemahlene Haselnüsse oder Mandeln	vorsichtig miteinander vermengen und zu Streuseln bröseln.

Fertigstellung

Streusel über Zucchini- und Apfelreihen bröseln. 15 Minuten bei 180 Grad Umluft backen. Zucchinicrumble kann warm oder kalt gegessen werden. Bei kaltem Crumble kann noch warme Vanillesoße dazu gegeben werden.

Basilikum-Sorbet

200 g Zucker	mit einem Schneebesen in
550 ml kaltes Wasser	einrühren und vollständig auflösen. Unter Rühren aufkochen lassen. Bei mittlerer Hitze ca. 5 Minuten köcheln lassen, ab und zu umrühren. Den so entstandenen Sirup abkühlen lassen.
2 Bio-Zitronen	waschen. Schale abreiben, Saft auspressen.
60 g Basilikum	waschen, Blätter abzupfen, trocknen und mit Zitronensaft und –schale mit einem Pürierstab fein pürieren.

Fertigstellung

Sirup und püriertes Basilikum mischen. Nochmals fein pürieren. Die Masse in einer Schüssel ins Gefrierfach stellen und 4 Stunden einfrieren. Damit sich keine feste Masse bildet, alle 30 Minuten umrühren. Fertig.

Bemerkungen

Wer es lieber süßer mag, kann den Zucker-Anteil erhöhen oder den Wasser-Anteil reduzieren.

Karotten-Walnuss-Dessert

500 g Karotten	waschen, schälen und fein raspeln.
50 g Walnüsse	reiben.
30 g Butter	in einer Pfanne erhitzen. Die Karotten unter ständigem Rühren bei mittlerer Hitze 10 Minuten in der Butter andünsten. Mit
300 ml Milch	aufgießen.
50 g geriebene Walnüsse	und
30 g Zucker	und
40 g Weizengrieß	hinzufügen.
10 - 20 g Rosinen	unterrühren.

½ -1 TL Kardamom	im Mörser fein zerstoßen und untermischen. Alles unter ständigem Rühren bei milder Hitze nochmals 10 Minuten köcheln lassen.
1 EL Pistazien	für die Garnitur grob hacken.

Fertigstellung

Die Karotten-Walnuss-Masse ca. 1,5 cm hoch in eine Auflaufform geben. Glatt streichen. Ca. 3 - 4 Stunden abkühlen lassen. Mit gehackten Pistazien bestreuen.

Varianten

Wenn man möchte, kann man kurz vor dem Ende der Kochzeit einen Hauch frisch geriebenen Ingwer unterrühren und zusätzlich mit Kokos-Chips garnieren. Man kann auch kleine Vierecke/Rauten/... aus der Masse formen.

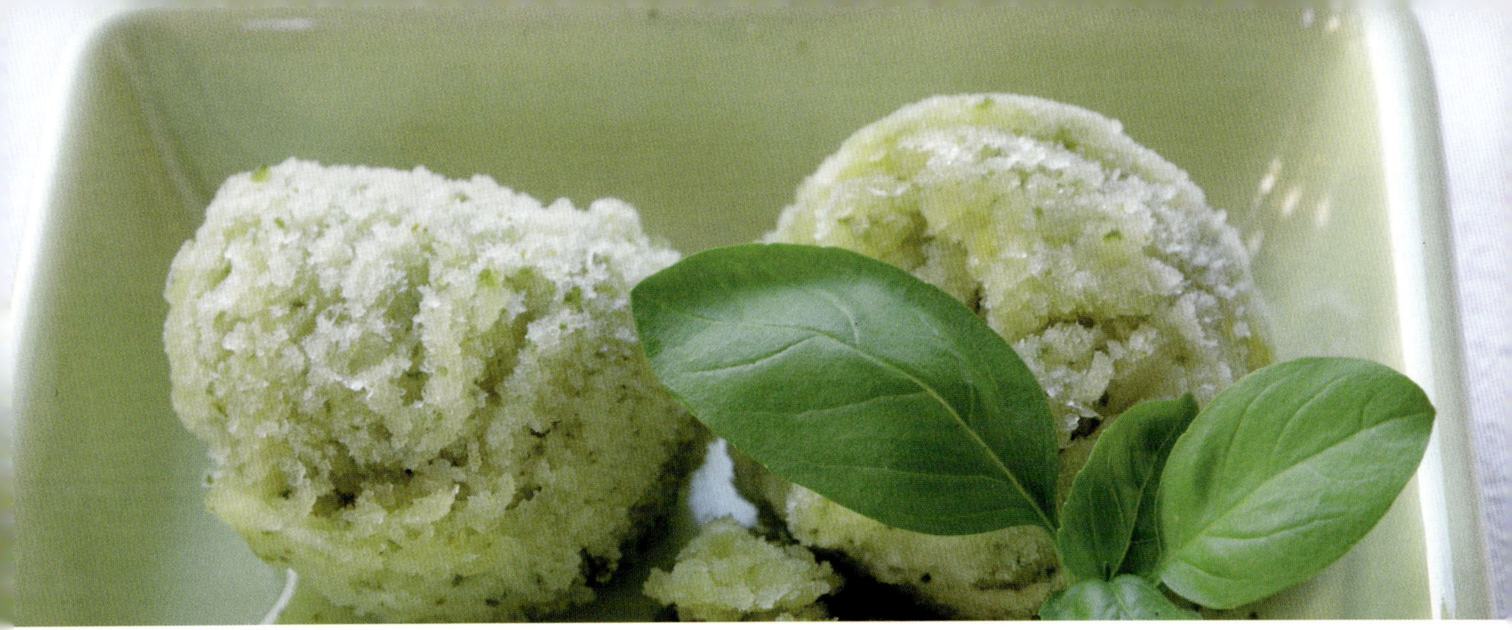

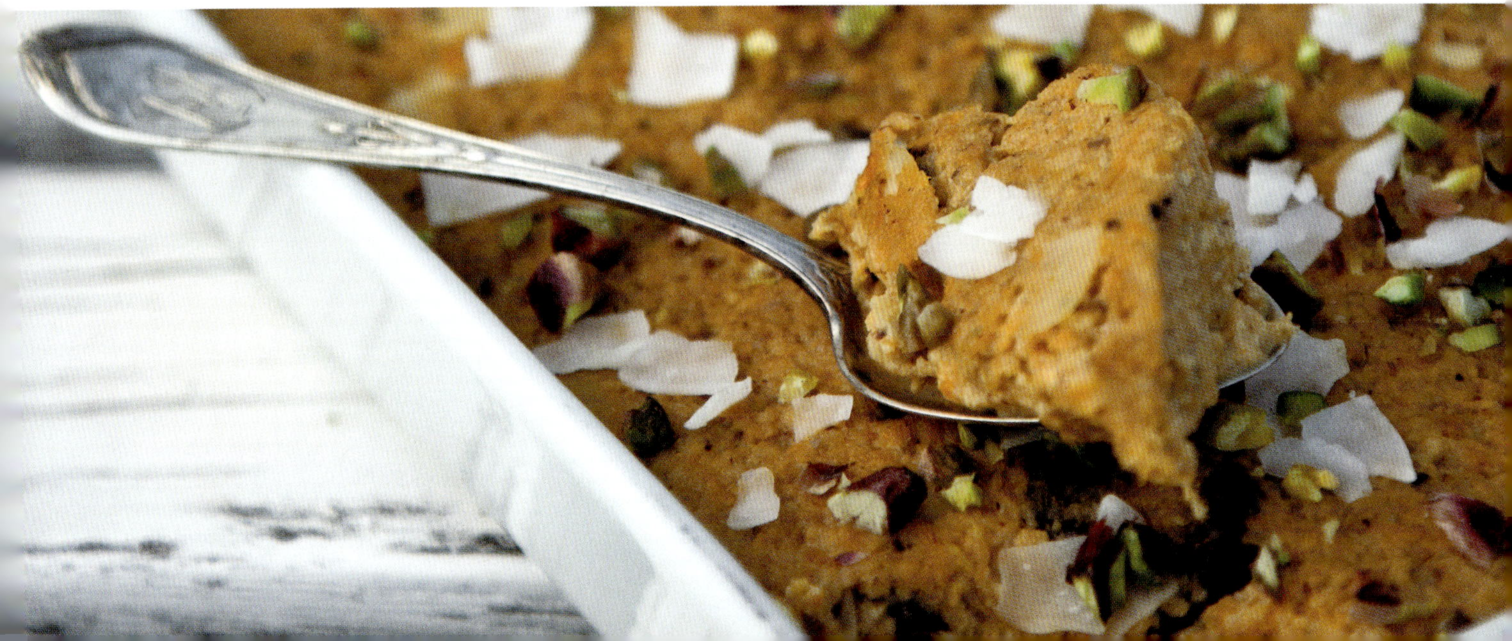

Zucchini-Baiser-Torte

Teig	
125 g weiche Butter oder Margarine	in der Küchenmaschine oder mit dem Handrührer mit
125 g Zucker	mischen,
1 Ei und 2 Eigelb	zufügen, 2 Eiweiß für den Baiser beiseite stellen.
150 g Dinkelmehl	und
70 g Stärkemehl	sowie
1 ½ TL Backpulver	untermischen.
1 Prise Salz, 1 EL Zimt	hinzufügen. Von
½ Bio-Zitrone	Schale abreiben und ebenfalls hinzufügen. Aus allen Zutaten einen weichen Teig kneten und in eine gefettete Springform (28 cm) verteilen. Einen ca. 5 cm hohen Rand bilden.
1 EL Semmelbrösel oder Vanillepuddingpulver	auf den Teig streuen, damit der Belag nicht durchsaftet.

Belag	
2 Zucchini	in Scheiben schneiden und dachziegelartig auf dem Tortenboden verteilen.
1 Bio-Zitrone	Schale abreiben, auspressen. Geriebene Zitrone und Saft der Zitrone über die Zucchini träufeln.
je 2 EL Ahornsirup und Zucker	auf den Zucchini verteilen. Bei 175 Grad Umluft ca. 30 - 40 Minuten backen.

Baiser	
4 Eiweiß	steif schlagen.
100 g Puderzucker	und
1 PK Vanillezucker	unterschlagen.

Fertigstellung

Baiser-Masse mit einem Teigschaber auf der heißen Torte verteilen. 10 - 15 Minuten bei 150 Grad Umluft backen unter genauer Beobachtung der Bräunung des Eiweiß. Kurz abkühlen lassen und den Rand der Torte mit dem Messer von der Springform trennen. Die Springform öffnen und lösen. Auskühlen lassen.

Zucchini-Tarte

Teig	
Je 125 g Butter und Zucker	
250 g Mehl	
1 TL Backpulver	
1 Ei	alle Zutaten zu einem Teig verkneten und in eine flache, gefettete Kuchenform mit Rand drücken.
2 mittelgroße Zucchini	in sehr dünne Scheiben schneiden, gleichmäßig dachziegelartig auf den Teig legen.

Belag	

Variante 1	
2 Zitronen	auspressen, Saft mit
6 EL Ahornsirup	mischen und auf die Zucchini träufeln.
2 EL Sesam	auf die Zucchini streuen.
Je 150 g Butter und Zucker und Mehl	zu Streuseln bröseln und
50 g geriebene Mandeln	unter die Streusel mischen, Mandel-Streusel über die Zucchini streuen.

Variante 2	
1 Bio-Zitrone	Saft und Schale gleichmäßig über die Zucchini verteilen.
50 g Zitronat	kleinhacken und verteilen.
100 g Mandelblättchen	darüber streuen.
2 EL Butter	langsam erhitzen, mit
4 EL Honig	mischen. Über die Mandeln gießen. Er soll beim Backen karamellisieren.

Variante 3	
20 g kandierten Ingwer	sehr klein hacken und über die Zucchini verteilen.
Vanillepulver	darüber verteilen.
20 g frischen Ingwer	reiben und gleichmäßig verteilen.
100 g Mandelstifte	darüber streuen,
2 EL Butter	langsam erhitzen, mit
4 EL Honig	mischen und gleichmäßig über die Mandeln gießen.

Fertigstellung

Ca. 30 - 40 Minuten bei 180 Grad Umluft backen. Bräunungsgrad der obersten Schicht beachten. Variante 1 mit Puderzucker bestreuen.

Kürbis-Tarte mit Preiselbeeren

Teig	
100 g Magerquark	Quark, Salz, Öl, Eigelb, Zucker und Milch schaumig schlagen.
1 Prise Salz	
2 - 3 EL Öl	
1 Eigelb	
50 g Zucker	
3 EL Milch	
200 g Mehl, 1 TL Backpulver	mischen. Die Hälfte des Mehls unter die Teigmischung rühren, dann den Rest der Masse zu einem festen Teig verkneten.

Belag	
ca. 600 g Hokkaido-Kürbis (entkernt)	waschen und (mit Schale) mit einem Spargelschäler in dünne Streifen entlang der halbkreisförmigen Schnittfläche schneiden (bzw. hobeln). Jeder bogenförmige Streifen sollte bis zum Rand gehen (mit Kürbisschale).
150 g Preiselbeeren	selbst eingekocht oder aus dem Glas mit
1 - 2 EL Honig	und
2 EL Zitronensaft	und
½ TL echtem Vanillemark	verrühren. Die Masse sollte nicht zu trocken sein, evtl. mit Wasser verdünnen.

Fertigstellung

Eine Form mit 28 - 30 cm Durchmesser einfetten. Den Teig zwischen Klarsichtfolien dünn ausrollen und in die Form geben. Den Rand ca. 1,5 - 2 cm hochziehen. Die gehobelten Kürbisstreifen auf dem Teig von außen nach innen zu einer „Rosenform" auslegen.

Die Preiselbeermasse auf dem Kürbis verstreichen. Die Tarte im Backofen bei 180 - 200 Grad ca. 35 Minuten backen. Mit Zitronenzesten (ganz dünne Streifen aus der Zitronenschale) garnieren.

Bemerkungen

Dazu schmeckt nicht zu fest geschlagene Sahne mit Vanille und Zucker.

Varianten

Einen Eigelb-Sahneguss (aus 1 Ei, 150 g Sahne und Zucker) zwischen Kürbis und Preiselbeeren ausgießen und mitbacken.

Ulla Bruno und Stephan Kohn

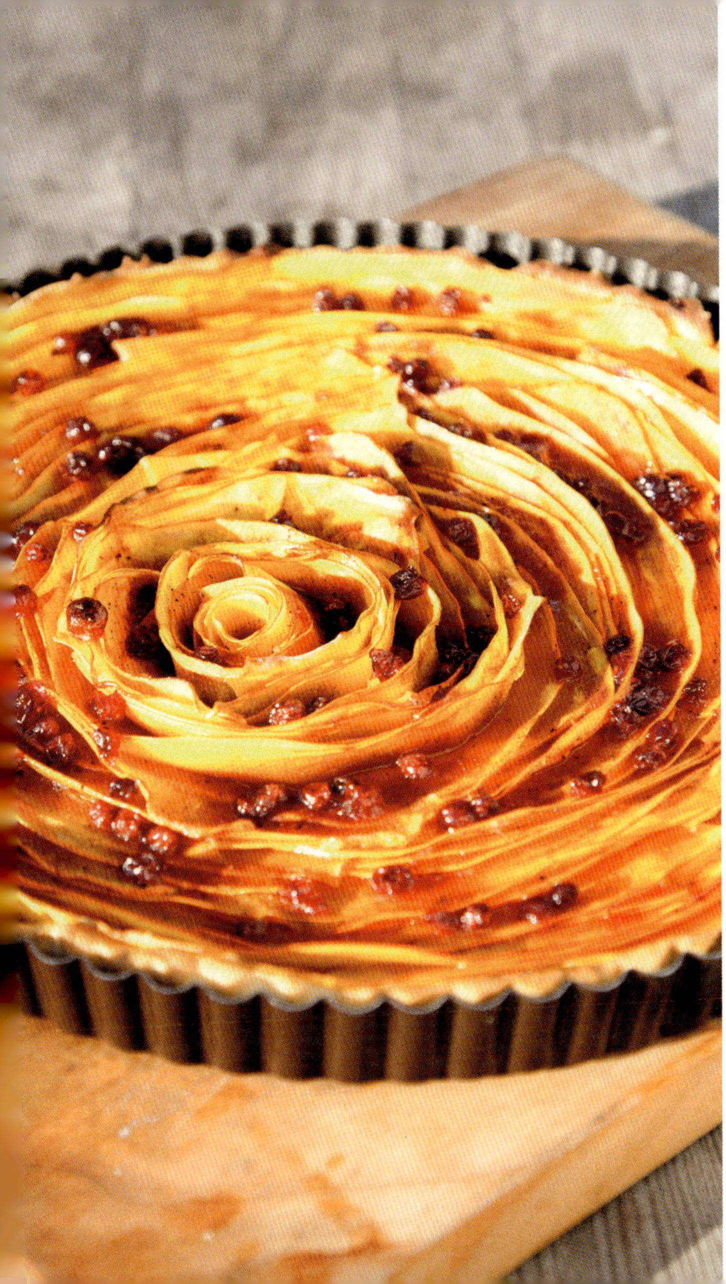

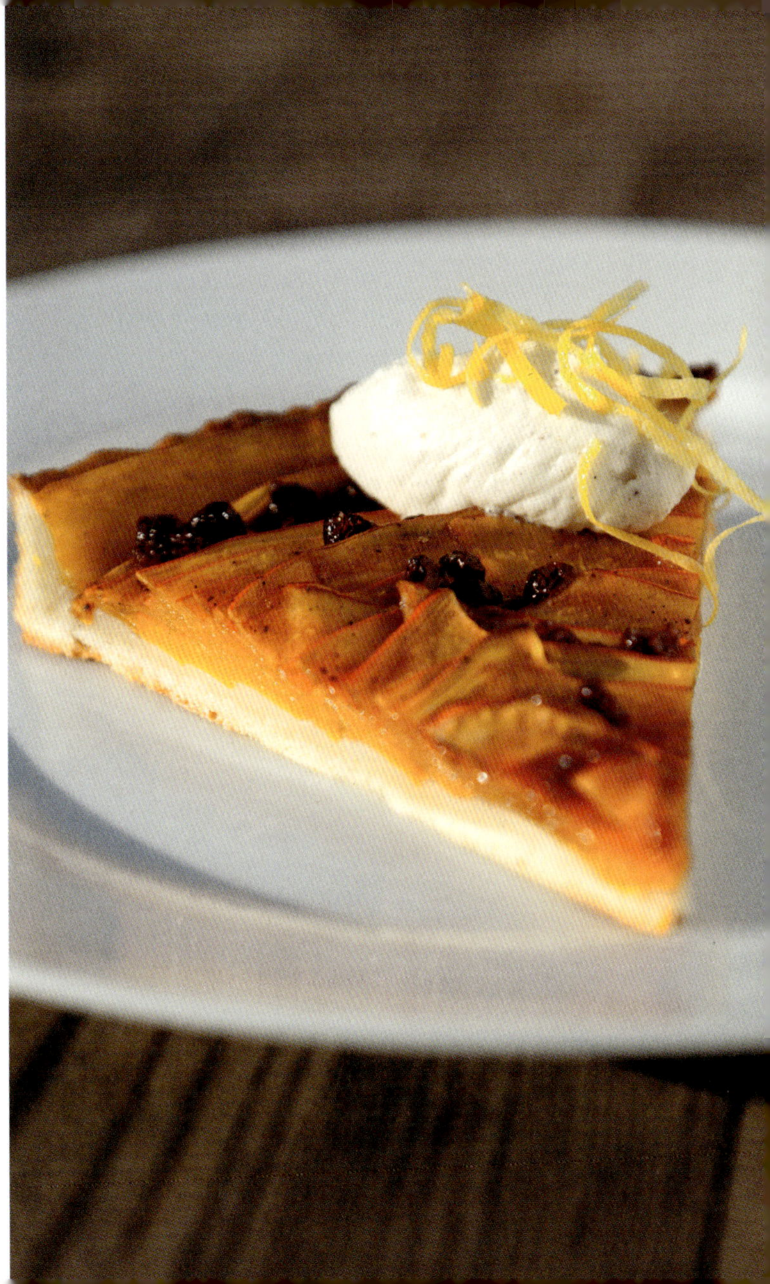

Kartoffelhörnchen

Kartoffel-Mürbe-Teig	
350 g Kartoffeln (mehlig kochend, z.B. Karlena)	in der Schale kochen (ca. 20 - 25 Minuten), abkühlen lassen, schälen und fein reiben. Auf die Seite stellen.
50 g Butter	schmelzen lassen, zu
80 g Zucker	hinzufügen.
1 Ei	hinzufügen, das Ganze schaumig schlagen. Dann die Kartoffelmasse unterrühren.
10 g Backpulver	mit
250 g Weizenmehl Type 550	vermischen. Zu der Kartoffel-Masse geben und schnell zu einem glatten Teig verkneten. Den Teig ca. 30 Minuten kalt stellen.

Hörnchen	
etwas Mehl	auf ein Backbrett sieben. Teig in 3 Teile schneiden. Jedes Teilstück kreisförmig flach ausrollen (auf ca. 25 cm Durchmesser). Daraus Viertel schneiden.
12 TL Zwetschgenmus (oder andere Marmelade)	Jeweils 1 TL Mus auf jedes Viertel (etwa in die Mitte) geben. Teig von der Randseite her aufrollen und zu einem Hörnchen formen.
1 Eigelb	verquirlen.

Fertigstellung

Backofen auf 200 Grad vorheizen. Die Hörnchen auf ein Backblech setzen und mit dem Eigelb bestreichen. Ca. 20 Minuten backen lassen.

Varianten

Der Kartoffel-Mürbe-Teig lässt sich auch prima für einen Apfel- oder Streuselkuchen verwenden.

Apfelkuchen mit Kartoffelteig

Teig

gleicher Teig wie Kartoffelhörnchen

Belag	
500 - 700 g Äpfel	schälen, entkernen, in 1/8 Stücke schneiden.
1 Ei	mit
100 ml Sahne	verquirlen.
ca. 2 TL Zucker	je nach Süße der Äpfel hinzufügen.

Fertigstellung

Den Teig ausrollen und in eine Tarte-Form mit 28 cm Durchmesser geben. Einen 1 cm hohen Rand hochziehen. Den Teig mit den Äpfeln belegen. Die Eier-Sahne-Mischung darüber gießen und bei 200 Grad ca. 30 Minuten backen.

Kürbiscreme orientalisch

300 g entkernter Kürbis	je nach Kürbisart schälen und raspeln.
200 ml Sahne	hinzufügen und mit
100 ml Milch	und
120 g Zucker	mischen. Alles in einem offenen Topf 30 - 40 Minuten weich köcheln. Mit einem Pürierstab pürieren.
1 TL Gewürzmischung für Süßspeisen	bestehend aus Zimt, Sternanis, Koriander, Ingwer, Kardamom, Nelken, Bourbon-Vanille sowie
1 TL Zimt	und
1 EL Limoncello	hinzufügen.
100 g Mandeln	reiben und unterheben.

Fertigstellung

In dekorative Portionsschälchen verteilen und kalt stellen. Mit Physalis (wächst im Saisongarten, wenn man es rechtzeitig sät bzw. pflanzt oder Glück hat und die Staude aus den Vorjahren wieder kommt) dekorieren.

Bemerkungen

Mit einer Kugel Vanille- oder Zimteis servieren.

Varianten

Statt des Limoncello kann man auch die abgeriebene Schale und 1 EL Saft einer Bio-Zitrone verwenden.

Kürbis-Tarte

300 - 400 g Blätterteig	nach Packungsanleitung verarbeiten. In eine gefettete Springform mit einem kleinen Teigrand flachdrücken.
450 g Kürbisfleisch	schälen, in Stücke schneiden und knapp mit
ca. 400 ml Milch	bedecken. Ca. 20 Minuten weich köcheln, abgießen, abkühlen lassen, pürieren.
3 Eier	trennen, Eigelb mit
60 g Zucker	schaumig schlagen.
100 g Mandeln	reiben.
½ TL gemahlener Anis	
½ TL gemahlener Koriander	

1 EL gemahlener Zimt	Gewürze und Mandeln dazugeben, mit
5 EL Ahornsirup	und abgekühlter Kürbismasse vermengen.
½ Bio-Zitrone	waschen, Schale abreiben, Saft in die Masse geben.
	3 Eiweiß steif schlagen und unter die Masse heben.

Fertigstellung

Kürbismasse gleichmäßig auf dem Blätterteig verteilen und 30 - 40 Minuten bei 175 Grad Umluft backen.

Bemerkungen

Dazu geschlagene Sahne oder Vanille-Sauce servieren.

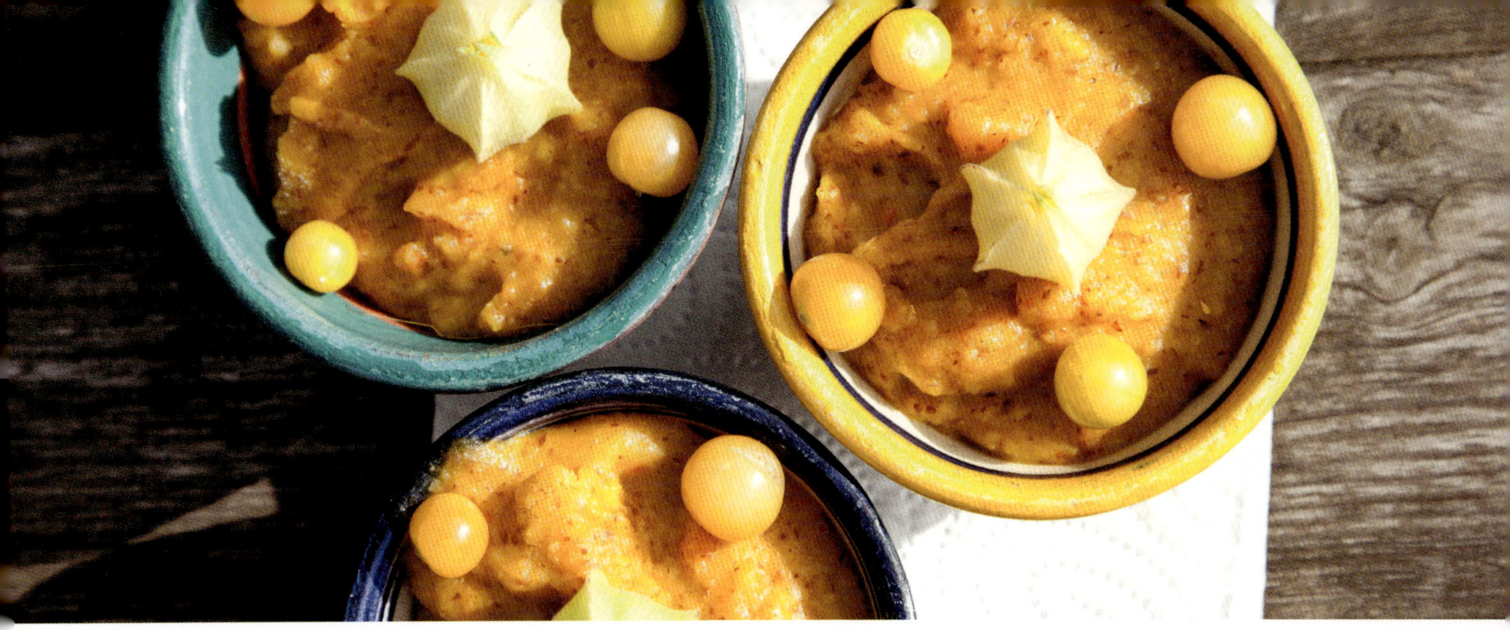

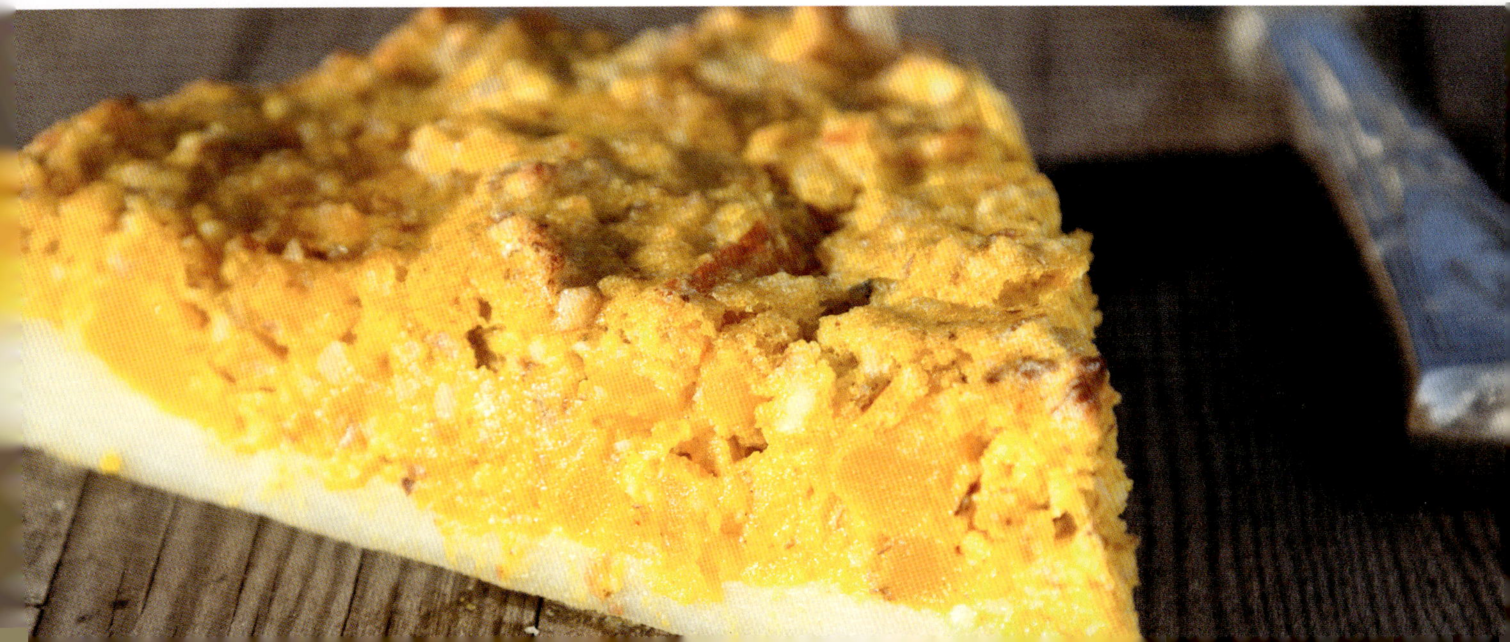

Apfel-Zitronen-Karotten-Kuchen (vegan)

300 - 350 g Karotten	schälen und fein in eine Rührschüssel reiben.
1 mittelgroßen Apfel	ungeschält in die Rührschüssel reiben.
1 Bio-Zitrone	waschen, Schale abreiben und in die Karotten-Apfel-Mischung geben. Den Saft über den geriebenen Apfel träufeln.
500 g Weizenmehl	und
250 g Rohrzucker	sowie
1 TL Vanillearoma*	und
1 Packung Weinsteinpulver bzw. Backpulver	hinzufügen und alle Zutaten mit einem Löffel verrühren.
250 ml Sonnenblumenöl	hinzufügen und mit einem Handrührgerät 5 - 8 Minuten auf höchster Stufe rühren, bis ein cremig wirkender homogener und sehr zäher Teig entstanden ist.
2 mittelgroße Äpfel	schälen, entkernen und in kleine Würfel schneiden, danach unter den Teig heben.
125 g Puderzucker	und
1 Bio-Zitrone	für die Glasur bereit stellen.

Fertigstellung

Den Teig in eine gut gefettete 28 cm-Springform mit Einsatz füllen und auf der mittleren Schiene etwa 40 - 50 Minuten bei 175 Grad Umluft backen. Um zu prüfen, ob der Kuchen fertig ist, nehmen Sie einen Holzspieß und stechen ihn in den Kuchen. Wenn nichts mehr an dem Spieß haftet, ist der Kuchen fertig. Nach dem Erkalten: Stürzen und mit einer Glasur aus dem Saft einer Zitrone und dem Puderzucker bestreichen.

Bemerkungen

*Vanillearoma lässt sich ganz prima selber machen: das Mark von 3 - 4 Vanilleschoten auskratzen und mit 100 g Kartoffel- oder Maisstärke und 250 g Puderzucker vermischen. Die ausgekratzten Schoten zusammen mit der Stärke-Zuckermischung in einer licht- und luftdichten Dose 3 - 4 Wochen stehen lassen, fertig.

Varianten

Der Kuchen schmeckt auch mit ein paar Spritzern Rum hervorragend.

Thilo Merkel

Gärtnern, Ernten, Kochen und Genießen

im Synergia Verlag

Peter Karl (Pit), einer der Geschäftsführer des Synergia-Verlags in Darmstadt lässt es sich nicht nehmen, frühmorgens vor der Arbeit im Büro das gerade reif gewordene Gemüse im Saisongarten zu ernten.
„Zweimal in der Woche wird für alle Mitarbeiterinnen und Mitarbeiter vegan gekocht", erklärt er beim Ausgraben der Kartoffeln, die heute verarbeitet werden sollen. „Bis zu 20 Personen essen mit, wenn Thilo Merkel zu uns kommt und uns mit seinen Kochkünsten verwöhnt".

Inzwischen hat sich seine Schubkarre zunehmend gefüllt. „Mit den zwei Parzellen, die wir gepachtet haben, kommen wir prima zurecht. Und das Gärtnern macht natürlich auch Spaß" sagt er zu uns, während er die voll beladene Schubkarre über die Erbacher Straße zu dem einige hundert Meter vom Saisongarten entfernten Standort des Verlags schiebt.

Dort beginnt Thilo dann gegen 11 Uhr mit der Vorbereitung der heutigen Mahlzeit. Frisch aus der Schubkarre landet das Gemüse in den Kochtöpfen. Heute lässt sich die Synergia - Belegschaft Kürbis-Gazpacho, Bohnensalat und Kartoffeln schmecken.

Als Dessert gibt es einen leckeren Zitronenkuchen. Auf unsere Frage, ob die vegane Küche gut ankommt, antwortet Pit: „Wir sind davon richtig begeistert. Thilo bringt die tollsten Sachen auf den Tisch, ohne dass er tierische Produkte verarbeiten muss."

Frühling

Herbst

Somme

Haltbar machen und Konservieren

Holunderblütensirup

3 l Wasser	und
2 kg Zucker	mischen.
3 Bio-Zitronenscheiben	dazu geben.
18 Holunderblütendolden	hinzufügen.
	Häufig umrühren, damit sich der Zucker immer wieder löst. Holunderblüten 24 Stunden in der Flüssigkeit ziehen lassen. Das Aroma ist am stärksten, wenn die Blüten bei direktem Sonnenschein gepflückt werden

Fertigstellung

Sirupmasse absieben, ca. 3 Minuten kochen und in mit kochendem Wasser ausgespülte Twist-Off-Gläser abfüllen. Gläser verschließen, so dass Unterdruck beim Abkühlen entsteht. Kühl lagern.
Schmeckt gut mit Zitrone und Wasser verdünnt, mit Prosecco, Sekt oder mit Süßspeisen.

Bemerkungen

Hält bis zu einem Jahr. Beim Öffnen darauf achten, dass der Unterdruck noch da ist und das Aussehen kontrollieren (Schlierenbildung oder schlechter Geruch zeigen an, dass der Sirup verdorben ist).

Holunderblütensekt

4 - 6 Holunderblütendolden	bei Sonne pflücken, damit sie volles Aroma haben. In
5 l Wasser	einlegen und mit
500 g Zucker	mischen.
1 Weinglas hellen Essig	hinzufügen.
1 Bio-Zitrone	waschen, Schale abreiben, Saft auspressen und ebenfalls hinzufügen. Öfter umrühren und 24 Stunden in der Wärme stehen lassen.

Fertigstellung

Durchsieben und in gut verschließbaren Flaschen (am besten braune Flaschen mit Bügelverschluss, oder die Flaschen mit Zeitung umwickeln) zum Gären abfüllen. Die Flaschen und Gummiringe müssen vorher in kochendem Wasser sterilisiert worden sein. Der Gärprozess soll bei Zimmertemperatur beginnen. Vorsicht Explosionsgefahr.
Die Flaschen im Dunkeln bei Zimmertemperatur lagern. Nach ca. 3 Monaten kann der Sekt gereift sein (Probe: beim Öffnen muss Druck zu spüren und perlende Flüssigkeit sichtbar sein). Der Sekt ist maximal 5 Monate haltbar, denn er verliert an Druck und die Gasperlen werden schwächer, der Geschmack wird flacher.

Bemerkungen

Gekühlt wunderbar leichter, aromatischer Sekt. Der Herstellungsprozess ist jedoch sehr sensibel. Der Sekt gelingt nicht immer. Wenn er trüb wird oder sich Schlieren bilden, muss die Flüssigkeit weggegossen werden. Ein Versuch lohnt sich aber auf jeden Fall.

Mairübchen Pickles: Milchsauer eingelegte Mairübchen

4 Twist-Off-Gläser (320 ml)	spülen, Deckel und Gläser mit kochendem Wasser vollständig übergießen, um sie keimfrei zu machen. Wasser abgießen, die Gläser und Deckel umgedreht auf einem sauberen Handtuch trocknen lassen.
6 - 8 Mairübchen	schälen, in Stifte schneiden (einige große Scheiben zurückhalten zum Abdecken). In die Gläser einschichten.
1 TL gelbe Senfsaat pro Glas	zwischen die Mairübchenstifte gleichmäßig einstreuen.
3 - 5 Wacholderbeeren pro Glas	zwischen die Mairübchenstifte gleichmäßig einstreuen.
	Am Schluss die zurück behaltenen großen Mairübchenscheiben oben auflegen (bis ca. 1 cm unter den Glasrand).
25 g Salz	in
1 l Wasser	auflösen.
1 Schuss Apfelessig	hinzufügen.

Fertigstellung

In die mit den Mairübchen und Gewürzen befüllten Gläser die Salz-Lake gießen (bis zum Rand). Mit dem Deckel verschließen. Eine Woche in warmer Umgebung stehen lassen. Am besten die Gläser in eine Schüssel stellen, da während der Milchsäuregärung Flüssigkeit austreten kann. Danach dunkel und kühl lagern. Nach ca. 4 Wochen können die Mairübchen Pickles verzehrt werden. Sie halten bis zur nächsten Saison.

Bemerkungen

Schmeckt gut zu Salat, in Wraps eingerollt oder aufs Brot. Auch gut für gemixte Salat-Saucen. Sehr gesund für die Darmflora wegen der entstandenen darmfreundlichen Bakterien.

Varianten

Auch andere Gemüse (z.B. Bohnen, Gurken, Rettiche usw.) können auf diese Weise konserviert werden.

Judith

on

Zucchini-Kartoffel-Suppe

500 g Kartoffeln	waschen, schälen und in Stücke schneiden.
1 kg Zucchini	waschen, putzen und in Stücke schneiden.
2 große Zwiebeln (4 kleine Zwiebeln)	kleinschneiden.
2 - 3 Knoblauchzehen	kleinschneiden.
3 EL Öl oder Kokosfett	erhitzen, Zwiebeln und Knoblauch anschwitzen.
1 scharfe Peperoni	bzw. Chilischote halbieren und Kerne entfernen.
	Kartoffeln und Peperoni zu den Zwiebeln geben, 5 Minuten mitdünsten, dann die Zucchinistücke dazugeben und ca. 5 Minuten weiter dünsten.
1 - 1,5 l Gemüsebrühe	auffüllen bis alles gerade bedeckt ist. Von
3 Zweigen Liebstöckel	Blätter abzupfen, waschen und ebenfalls dazugeben. Ca. 30 Minuten köcheln lassen.
1 Stück frischen Ingwer	reiben (ca. 1 EL). Mit
Salz und Pfeffer	abschmecken.
Petersilie	zum Garnieren vorbereiten.

Fertigstellung

Peperoni bzw. Chilischote herausnehmen. Die Suppe mit einem Mixstab fein pürieren, mit Salz und Pfeffer würzen. Die gewünschte Konsistenz kann bei Bedarf durch Zugabe von weiterer Gemüsebrühe reguliert werden.

Alles nochmals aufkochen lassen und vom Herd nehmen. Den geriebenen Ingwer ausdrücken, Ingwersaft zur Suppe geben. Mit Petersilie garnieren.

Bemerkungen

Zucchini in Stücke schneiden und Einfrieren ist keine wirklich gute Idee. Nach dem Auftauen sieht alles etwas „matschig" aus und hat an Geschmack verloren. Die Zucchini-Kartoffel-Suppe eignet sich hervorragend zum Einfrieren von Zucchini, schmeckt aber auch frisch zubereitet!

Varianten

Die Suppe im Teller mit ein paar Tropfen Kürbiskernöl verfeinern, oder mit etwas gemahlenem Kreuzkümmel würzen, oder mit frischem Koriandergrün verfeinern

Rita und Eberhard Balzer

Süßsauer eingelegte Zucchini

1 kg mittelgroße Zucchini	putzen, waschen, längs halbieren und in 0,5 cm große Stücke schneiden. In einen großen Kochtopf geben.
ca. 150 g rote Paprika	putzen, halbieren und in 0,5 cm breite Streifen schneiden. Zu den Zucchini geben.
1 Zwiebel	halbieren und in halbe Ringe schneiden. Dazugeben.
1 - 2 walnussgroße Stücke Ingwer	in Scheiben schneiden. Dazugeben.
0,25 l hellen Essig (Weißwein-, Apfel- oder Balsamico-Essig)	über das Gemüse gießen.
175 g Zucker	hinzufügen.
1 TL Salz	hinzufügen.
2 TL Curry	hinzufügen.

Fertigstellung

Gemüse im Essig aufkochen lassen, umrühren. Bei geringer Hitze mit Deckel 30 Minuten köcheln lassen.
Twist-Off-Gläser spülen, Deckel und Gläser mit kochendem Wasser vollständig übergießen, um sie keimfrei zu machen. Wasser abgießen, die Gläser und Deckel umgedreht auf einem sauberen Handtuch trocknen lassen. Bei einer Füllmenge von 370 ml werden 4 - 5 Gläser benötigt. Gemüse nach der Garzeit sofort in die Gläser füllen. Die Flüssigkeit muss das Gemüse vollständig bedecken, das Glas muss bis zum Rand mit der Flüssigkeit gefüllt sein. Deckel zudrehen. Kühl und dunkel lagern. Das Gemüse hält mindestens bis zur nächsten Saison.

Bemerkungen

Schmeckt im Sommer sehr gut zu Grillfleisch, in der kalten Jahreszeit zu Pellkartoffeln und Raclette.

Varianten

Es gibt viele Möglichkeiten das Rezept zu verändern. Statt Paprika können z. B. Karotten verwendet werden, statt Zucchini sind auch Kürbisstücke eine leckere Alternative. Auch bei den Gewürzen kann man kreativ werden und z.B. an Stelle von Curry Salbei, Rosmarin und Lorbeer verwenden. Einfach mal ausprobieren!

In Essig eingelegte grüne Bohnen

500 g grüne Bohnen	waschen, putzen in ca. 3 cm lange Stücke schneiden.
8 Blätter Salbei	waschen, trockentupfen.
4 Zweige Rosmarin	waschen, trockentupfen
4 Lorbeerblätter	
12 Nelken	
400 ml hellen Essig (Weißwein-, Apfel- oder Balsamico-Essig)	mit
400 ml Wasser	mischen,
1 TL Salz	hinzufügen,
2 TL Zucker	hinzufügen und im Essig-Wasser-Gemisch auflösen.

Fertigstellung

Twist-Off-Gläser bzw. Einmachgläser spülen, Deckel und Gläser mit kochendem Wasser übergießen, um sie keimfrei zu machen. Wasser abgießen, die Gläser umgedreht auf einem sauberen Handtuch trocknen lassen. Bei einer Füllgröße von 370 ml werden 4 Gläser benötigt. Bohnen und Gewürze trocken in die Twist-Off- oder Einmachgläser einfüllen (bis ca. 2 cm unter den Rand). Essig-Wasser-Gemisch in die Gläser gießen. Die Flüssigkeit muss das Gemüse bedecken.
Deckel zudrehen bzw. verschließen.

In einem Kochtopf oder Sterilisiergerät (dann nach Gebrauchsanweisung) 60 Minuten einkochen. Im Kochtopf geht es so: Den Topf bis etwa ¼ der Glashöhe mit kaltem Wasser füllen. Die Gläser auf ein Geschirr-Handtuch oder (besser) auf ein Gitter im Kochtopf, bzw. einen gelochten Einsatz stellen.

Deckel des Topfes schließen. Das Wasser schnell zum Kochen bringen, dann bei geringer Hitze kochen lassen.
Die Einkochzeit von 60 Minuten beginnt, wenn in den Gläsern Bläschen aufsteigen. Nach Ende der Einkochzeit abkühlen lassen. Die Deckel der Twist-Off-Gläser müssen sich nach innen gewölbt haben.
Kühl und dunkel lagern. Das Gemüse hält mindestens bis zur nächsten Saison.

Zucchini-Chutney

1 kg grüne Zucchini	waschen, grob raspeln oder fein würfeln.
40 g Salz	in einer Schüssel mit den Zucchini vermischen. 30 Minuten ziehen lassen. Flüssigkeit abgießen.
	Zucchini unter kaltem Wasser abspülen (sonst wird es zu salzig) und gut trocken tupfen (sonst wird es zu wässrig).
500 g Pfirsiche/Nektarinen, Äpfel, Kiwis, Orangen, ggf. auch Paprika oder Tomaten	Auswahl der Früchte/Gemüse nach Belieben. Je nach verwendeten Früchten: waschen, schälen, entkernen und in kleine Stücke schneiden.
3 große Zwiebeln	kleinschneiden.
1 Chilischote	entkernen und fein hacken.
3 Knoblauchzehen	fein hacken.
	Alle Zutaten in einem Topf mischen.
250 - 500 ml Weißweinessig	(je nach Gemüsemenge) hinzufügen, aufkochen und offen bei mittlerer Hitze 30 - 35 Minuten köcheln lassen, gelegentlich umrühren. Wenn man das Chutney als Aufstrich nutzen möchte, sollte die Masse mit einem Pürierstab etwas zerkleinert werden. Mit
Salz, Currypulver, Ingwer, Paprikapulver, Zimt, Kardamom, Zitronenpulver, Basilikum, Kurkuma, Cumin (Kreuzkümmel)	nach Belieben abschmecken.
500 g Gelierzucker (3:1)	unter Rühren hinzufügen. Anweisungen auf der Packung beachten.

Fertigstellung

Twist-Off-Gläser spülen, Deckel und Gläser mit kochendem Wasser vollständig übergießen, um sie keimfrei zu machen. Wasser abgießen, die Gläser und Deckel umgedreht auf einem sauberen Handtuch trocknen lassen.
Wenn die Gemüse-Masse dick genug ist, sofort heiß randvoll in Twist-Off-Gläser füllen, mit Deckel verschließen. Auf den Kopf stellen und abkühlen lassen.

Bemerkungen

Hält sich an einem kühlen Ort mehrere Monate.

Varianten

Das Rezept ist beliebig veränderbar, indem die einzelnen Zutaten nach Geschmack variiert werden. Nur die jeweiligen Mengen für das Gemüse, den Essig und den Gelierzucker müssen eingehalten werden.

Stefanie Warmuth

Süßsaure Gurken eingeweckt

2 kg kleine Gurken	waschen und dicht in große Einmachgläser schichten.
½ l weißen Balsamico-Essig	mit
¼ l Wasser	und
150 g Zucker	sowie allen Gewürzen kurz aufkochen.
8 Wachholderbeeren	
5 Nelken	
2 Zimtstangen	
5 Ingwerscheiben	
abgeriebene Zitronenschale	
10 Pfefferkörner	
1 Messerspitze Chiliflocken	Jedes Einmachglas bis 3 cm unter den Rand mit dem Wasser-Essigsud befüllen. Die Gurken müssen vollständig bedeckt sein. Die Glasränder sauber abwischen, sterile (ausgekochte) Einmachgummis auf die Gläser legen und mit dazugehörigen Glasdeckeln und Klammern verschließen.

Fertigstellung

Die Einmachgläser in ein mit Wasser gefülltes tiefes Backblech stellen. Das Blech in die unterste Schiene des Backofens schieben und bei 180 Grad ca. 20 - 30 Minuten in den Gläsern köcheln lassen. Die Kochzeit von ca. 20 -30 Minuten beginnt, wenn die Flüssigkeit in den Gläsern anfängt zu perlen.
Danach Gläser vorsichtig aus dem heißen Ofen nehmen und mit den Klammern abkühlen lassen, wodurch das Vakuum entsteht. Am nächsten Tag die Klammern lösen und Gläser beschriften.

Bemerkungen

Die so eingeweckten Gurken sind mehrere Monate lagerungsfähig.

Varianten

Auf diese Art lassen sich auch andere Gemüse z.B. Fenchel, Paprika, Rote Bete, Mais und Kürbis konservieren.

Auberginencreme eingemacht

3 große Auberginen (ca. 750 g)	halbiert auf ein Backblech legen und bei 200 Grad Umluft ca. 40 Minuten backen. Danach Auberginenfleisch von der lila Schale entfernen und mit
1 - 2 TL Salz	und
1 Knoblauchzehe	und
½ rote Zwiebel	pürieren.
½ Bio-Zitrone	waschen, Schale abreiben, auspressen und unter die Auberginen-Masse rühren. Mit
Pfeffer	abschmecken.
Agar-Agar oder Gelier-mittel	für die Konservierung bereitstellen.

Variante 1	
Petersilie	hacken und ebenfalls unter die Auberginen-Masse rühren.

Variante 2	
Sardellen	kleinschneiden und unter die Auberginen-Masse rühren.

Variante 3	
Kreuzkümmel	Mit gemahlenem Kreuzkümmel würzen.

Fertigstellung

Twist-Off-Gläser spülen, Deckel und Gläser mit kochendem Wasser vollständig übergießen, um sie keimfrei zu machen. Wasser abgießen, die Gläser und Deckel umgedreht auf einem sauberen Handtuch trocknen lassen. Die pikant abgeschmeckte Auberginencreme wie Marmelade mit Agar-Agar oder Geliermittel (Dosierung siehe Gebrauchsanleitung) mischen, erhitzen und heiß in Twist-Off-Gläser füllen, mit Deckel verschließen. Auf den Kopf stellen und abkühlen lassen.

Bemerkungen

Pikanter Aufstrich. Kann so länger aufbewahrt werden.

Sauerkraut

4 - 6 Twist-Off-Gläser (720 ml)	spülen. Deckel und Gläser mit kochendem Wasser vollständig übergießen, um sie keimfrei zu machen. Wasser abgießen, die Gläser und Deckel umgedreht auf einem sauberen Handtuch trocknen lassen. Von
1 großen Kopf Weißkraut	äußere Blätter entfernen, den Kopf vierteln und mit einem Krauthobel fein hobeln. Das gehobelte Kraut wiegen und in eine große Schüssel füllen.
12 g Salz pro kg Weißkraut	Salzmenge entsprechend des Gewichts des zu verarbeitenden Weißkrauts abwiegen und mit dem Weißkraut gut vermischen. Das gesalzene Kraut in die Gläser einschichten und mit einem Löffel oder Holzstampfer so fest andrücken, dass Flüssigkeit austritt.
1 Lorbeerblatt pro Glas	zwischen das Kraut einschichten.
½ - 1 TL gelbe Senfsaat pro Glas	zwischen das Kraut gleichmäßig einschichten.
3 - 5 Wacholderbeeren pro Glas	zwischen das Kraut gleichmäßig einschichten. Mit
2 - 4 dünnen Scheiben frischem Meerrettich pro Glas	das Einschichten abschließen. Das Glas sollte bis etwa 2 cm unter den Rand mit Kraut gefüllt und mit Flüssigkeit bedeckt sein. Wenn sich zu wenig Flüssigkeit gebildet hat, soviel Salzwasser (12 g Salz pro Liter Wasser) zufügen, dass die Füllung gut bedeckt ist.

Fertigstellung

Jedes mit Kraut und Gewürzen befüllte Glas mit dem Deckel verschließen. Eine Woche in warmer Umgebung stehen lassen. Am besten die Gläser in eine Schüssel stellen, da während der Milchsäuregärung Flüssigkeit austreten kann. Danach dunkel und kühl lagern. Nach ca. 4 Wochen kann das Sauerkraut verzehrt werden. Es hält im verschlossenen Glas bis zum nächsten Herbst.

Varianten

Auch andere Gewürze wie Kümmel, Korianderkörner oder Nelken können hinzugefügt werden. Es können auch Apfel- oder Quittenstücke mit eingeschichtet werden. Ein Zusatz von Weißwein (etwa 50 ml pro kg Kraut) erhöht den Wohlgeschmack. Rotkraut eignet sich ebenfalls zur Herstellung von Sauerkraut.

Lagern von Gemüse

Karotten	vor dem Frost ernten, das Grün bis auf 3 - 5 cm abschneiden und ungewaschen in einer Kiste mit Sand in einem kühlen Keller mit hoher Luftfeuchtigkeit lagern.
Kartoffeln	vor dem Frost ernten. In einem kühlen Keller dunkel in offenen Kisten lagern.
Knoblauch	im Freien regengeschützt gut trocknen lassen. Kühl und trocken hängend lagern.
Kohl (Weiß- oder Rotkohl)	vor dem Frost ernten. Wurzeln und beschädigte äußere Blätter entfernen. Kühl, bei hoher Luftfeuchtigkeit und gut belüftet in offenen Kisten lagern.
Kürbis	vor dem Frost ernten. Der Stiel muss am Kürbis bleiben. Zunächst ca. 2 Wochen bei Zimmertemperatur lagern. Danach sind kühle Räume (12 - 17 Grad) mit hoher Luftfeuchtigkeit optimal.
Lauch	im Keller möglichst kühl lagern.
Pastinaken	ungewaschen in einer Kiste mit Sand in einem kühlen Keller lagern.
Rote Bete	vorsichtig ohne Beschädigung ernten. In einer Kiste mit Sand in einem kühlen Keller lagern.
Schwarzer Rettich	in einer Kiste mit Sand in einem kühlen Keller lagern.
Schwarzwurzeln	vorsichtig ernten, um sie nicht zu beschädigen. Im Keller in Sand lagern.
Sellerie	mit Beginn der ersten Fröste ernten, in einer Kiste mit Sand in einem kühlen Keller lagern.

Tomaten	im Herbst nicht ausgereifte Tomatenstauden herausreißen und an den Wurzeln aufgehängt im Dunkeln an einem warmen Ort nachreifen lassen. Oder einzelne grüne Tomaten in Papier einwickeln und an einem warmen Ort nachreifen lassen.
Wirsing	vor dem Frost ernten. Wurzeln und beschädigte äußere Blätter entfernen. Kühl, bei hoher Luftfeuchtigkeit und gut belüftet in Kisten lagern.
Wurzelpetersilie	wie Karotten lagern.
Zwiebeln	zu Zöpfen flechten. Im Freien regengeschützt gut trocknen lassen. Kühl und trocken hängend lagern.

Allgemeiner Hinweis

Die Gärtnerinnen und Gärtner, die einen Saisongarten bewirtschaften, müssen bis zum Ende des Jahres meistens ihre Gärten geräumt haben. Sie können daher nicht, wie es z. B. bei Lauch, Grünkohl oder vielen Wurzelgemüsen möglich ist, diese im Boden lassen und bei Bedarf auch im Winter direkt vom Feld ernten.

Die Holzofen-Bäckerei auf dem Oberfeld

Aus den 4 Elementen Erde, Wasser, Luft und Feuer entstehen in der Bäckerei auf dem Hofgut Oberfeld im Steinofen leckere Holzofenbrote. Früh morgens kann man den verführerischen Duft von frisch gebackenem Brot rund um den Holzbackofen riechen.

Die Erde liefert das Demeter-Getreide. Es sind biologisch-dynamische oder alte Dinkel-, Roggen und Weizensorten, die auf dem Oberfeld angebaut und geerntet werden. Das Korn wird gereinigt und in einer kleinen Mühle im Odenwald zu Mehl vermahlen. Vollkornmehl wird in der eigenen Mühle tagesfrisch gemahlen, auch Getreideflocken werden selbst gequetscht. Die Erde erzeugt auch die Energie, die gebraucht wird, um das Getreide in Brot zu verwandeln. Das Nadelholz stammt aus den umliegenden Wäldern, die Bäume werden im Winter gefällt, manchmal mit der Hilfe der beiden Pferde Nina und Hanko transportiert, dann zersägt und gespalten. Ein großer Jahres-Vorrat wird in der Nähe der Bäckerei gelagert.

Das Wasser ist ein wichtiger Bestandteil des Brotteigs. Am Abend vor dem Backen wird es mit Mehl, Salz, Sauerteig oder Hefe zu den Vorteigen für die verschiedenen Brote vermischt.
Die Luft kommt durch die Gärprozesse in den Teig. Die verschiedenen Teigarten mit Hefe oder Honig-Salzansatz können über Nacht in Ruhe gehen oder säuern und werden in den frühen Morgenstunden zu Laiben geformt.

Das Feuer wird bereits am Tag vor dem Backen vorbereitet. 45 kg trockenes Holz werden in den Brennraum des Steinbackofens eingeschichtet. Um 4 Uhr morgens wird das Feuer entfacht. Das verbrennende Holz heizt den Backofen bis auf etwa 400 Grad Celsius auf. Die Holzkohlenglut wird in den Aschekasten gefüllt, gegen 6 Uhr können die ersten Brote eingeschossen werden. Jede Brotsorte braucht ihre eigene Temperatur und Backdauer, viel Erfahrung ist nötig, um ein leckeres Holzofenbrot herzustellen. Die Brote haben nach dem Backen noch etwas Zeit um auszukühlen, dann werden sie von der Bäckerin oder dem Bäcker persönlich in den Hofladen gebracht.

Angela, Eva, Hermann, Jens und Holger sorgen dafür, dass ein verführerisches Sortiment von handwerklich erzeugten Brötchen, Broten, Quiches, Pizzen und Kuchen jeden Werktag im Hofladen angeboten werden. Täglich verlassen den Backofen etwa 200 Brote; immer neue Spezialitäten, wie z. B. ein Crunchy-Müsli werden entwickelt und in das Sortiment aufgenommen.

Die Bäckerei ist auch ein wichtiger Treffpunkt für die Veranstaltungen vom „Lernort Bauernhof". Unter der Überschrift „Vom Korn zum Brot" erfahren Kinder ganz direkt, wie aus dem Getreide ein knuspriges Brot entsteht. Wenn Hermann für die Kinder ein Brot in Scheiben schneidet, trifft sicher die Aussage eines kleinen Teilnehmers zu: „Man hört, wie gut es schmeckt".

Zu einem guten Essen gehört fast immer auch eine gute Scheibe Brot. Dieses Kochbuch enthält keine Rezepte für das Brotbacken.
Wir können uns das Brot ja immer gegenüber im Hofladen holen. Wir wollen aber darauf hinweisen, was ein gutes Brot ausmacht: gesunde ökologisch erzeugte Zutaten, die in der Region hergestellt und verarbeitet wurden, Schonung energetischer Ressourcen, handwerkliche Herstellung ohne industriell bearbeitete Vorprodukte und vor allem ein guter Geschmack. Das Oberfeld-Brot erfüllt alle diese Voraussetzungen und ergänzt unsere Rezepte hervorragend.

Register

Hauptspeisen

Nachspeisen

Haltbar machen und Konservieren

Bildnachweis

Albrecht Haag

Titelfoto, S. 7, S. 9 (unten rechts), S. 21, S. 44 (oben rechts), S. 47, S. 51 (oben) S. 61, S. 65, S. 67 (unten), S. 69, S. 71, S. 83, S. 99 (oben), S. 109 (oben), S. 113, S. 115 (oben)S. 123, S. 127 (rechts), S. 179 (rechts), S. 183, S. 185, S. 202 (rechts/ links oben), S. 205, S. 209, Umschlag Rückseite (3.von links)

Dorothee und Klaus North

S. 9 (oben rechts), S. 23 (oben), S. 41, S. 53 (unten), S. 101, S. 207 (rechts), S. 110 (links), S. 129, S. 133, S. 135, S. 167 (unten), S. 207 (rechts), S. 229 (links unten)

Daria Höfler-Lai

S. 14 (unten rechts u. links), S. 31, S. 33, S. 35, S. 37, S. 44, S. 57, S. 59 (unten rechts u. links), S. 79, S. 81, S. 85, S. 87, S. 93, S. 95 (oben), S. 97, S. 99 (unten), S. 107, S. 109 (unten links u. rechts), S. 110 (unten rechts u. mitte), S. 127 (links), S. 131 (unten), S. 143 (oben), S. 151, S. 165 (links), S. 180, S. 187 (unten), S. 189, S. 191, S. 193, S. 197, S. 207 (links oben u. unten), S. 211 (rechts), S. 217, Umschlag Rückseite (2. und 4. von links)

Marianne Kissel-Lesser und Werner Lesser

S. 9 (links oben), S. 13 (links oben u. links unten), S. 14 (oben rechts), S. 17, S. 19, S. 23 (unten), S. 25, S. 29, S. 39 (unten), S. 43 (links oben), S. 49, S. 51 (unten), S. 53 (oben), S. 55, S. 59 (rechts oben), S. 63, S. 67 (oben), S. 73, S. 75, S. 77, S. 89, S. 95 (unten), S. 103, S. 105, S. 115 (unten), S. 117, S. 119, S. 125, S. 131 (oben), S. 137, S. 139, S. 145, S. 147, S. 149, S. 157, S. 159, S. 161, S. 165 (rechts), S. 167 (oben), S. 171, S. 179 (rechts oben u. unten), S. 187 (oben), S. 195, S. 199, S. 201, S. 202 (links unten), S. 211 (links), S. 215, S. 219, S. 221, S. 223, S. 229 (links oben u. rechts), Umschlag Rückseite (1. von links)

Judith Schard

S. 27, 153

Lena Nicklas

S. 155

Hartmut Stolzmann

S. 143 (unten)

Dorothee Stolzmann

S. 163

Moritz Mainusch

S. 43 (unten), 110 (rechts oben), 177

Martin Stenger

S. 9 (links unten), S.13 (rechts unten)

Simone Serba

S. 43 (rechts oben)

Marie Klinkler

S. 14 (oben links), S 39 (oben)

Autorenportraits

Albrecht Haag

Albrecht Haag hat Kommunikationsdesign und Fotografie studiert und arbeitet seit 12 Jahren als freier Fotograf. 2005 gründete er das Fotokunst-Festival »Darmstädter Tage der Fotografie« und war 2012 einer der Projektleiter für die »Fotografieprojekte Frankfurt/Rhein-Main«. Lebt und arbeitet mit Familie in Darmstadt. Alle zusammen verbringen die freie Zeit möglichst am Berg zu jeder Jahreszeit. Als Parzellen-Teilhaber bei den Norths und Feldnachbarn von Marianne und Werner war es unmöglich, sich der fotografischen Verpflichtung zu entziehen. Die Arbeitstreffen waren dafür kulinarische Höhepunkte.

Marianne Kissel-Lesser

Marianne Kissel-Lesser hat schon als Kind gerne frisches Gemüse direkt aus dem Garten gegessen. Nach dem Studium der Betriebswirtschaft und Soziologie hat sie in den Bereichen Organisation und Arbeits- und Gesundheitsschutz-Management gearbeitet. Mit dem, was im Saisongarten gerade reif ist, kreiert sie neue Gerichte. Geschmackserlebnisse aus vielen Reisen fließen in die Rezepte mit ein.

Martina Hillemann

Martina Hillemann wurde 1975 geboren und studierte an der Fachhochschule Wiesbaden Kommunikationsdesign mit dem Schwerpunkt Illustration. Von Darmstadt aus zeichnet sie für Agenturen, Zeitungen, Verlage und alle, die ihre Medien oder Umgebung mit humorvollen Illustrationen bereichern möchten. Martina liebt ausgefallene Wörter und seitdem sie ihre Küche mit frisch geerntetem Gemüse füllt auch das Kochen.

Dr. Werner Lesser

Dr. Werner Lesser hat die prägenden ersten Koch-Erfahrungen als Zeltlagerkoch in den 60er Jahren gesammelt. Mit gesunden und frischen Zutaten zu kochen ist seit dieser Zeit seine Passion. Der Saisongarten ist für ihn der ideale Ort, um die Liebe zur Natur, zum Kochen und zum Genießen miteinander zu verbinden. Beruflich hat er sich in Forschung, Praxis und Lehre mit Ergonomie und Arbeitssicherheit beschäftigt.

Dorothee North

Dorothee North arbeitet als Physiotherapeutin mit neurologisch erkrankten Kindern und hat an ihren verschiedensten Wohnorten das Gärtnern als Hobby fortgesetzt. Die Experimentierfreudigkeit in der Küche führte ihre Kinder früh an unterschiedlichste Geschmacksrichtungen heran, was diesem Kochbuch zugute kam. Musik und Outdoor-Sportarten sind nebenbei ihre Hobbies, was mit Radfahrten zum Anbaugebiet Oberfeld immer verbunden werden kann.

Dr. Klaus North

Dr. Klaus North bedeutet der Saisongarten Entspannung von seinen beruflichen Aktivitäten. Als Hochschullehrer an der Hochschule RheinMain (Wiesbaden) lehrt, forscht und berät er zum internationalen Management. Außerdem ist er vielfach musikalisch und bürgerschaftlich engagiert.

Daria Höfler-Lai

1979 / Darmstadt / Köchin / Fotografin / Foodstylistin / Yogini / Fischerin / Gärtnerin / Mountainbikerin

Mehr als 30 Saisongärtnerinnen und –gärtner haben uns ihre Rezepte zur Verfügung gestellt. Leider konnten wir nicht alle Rezepte ins Buch aufnehmen. Auch sonst haben uns viele bei der Entstehung des Kochbuchs unterstützt. So ist ein Werk mit unterschiedlichen Kochstilen und Zubereitungsarten entstanden. Herzlichen Dank an:

Rita und Eberhard Balzer, Ulla Bruno und Stephan Kohn, Gabi Bühler, Carol Chiffelle, Hedi Germer, Jochen Heidel und Ellen Sons-Brinkmann, Judith, Marie Klinkler, Horst Kurzer, Moritz Mainusch, Thilo Merkel, Bärbel Meyer, Lena Nicklas, Christiane und Sebastian Paatzsch, Cataldo Procacci, Simone Serba, Familie Sieke, Matthias Söhn, Julia Steinke, Martin Stenger, Dorothee Stolzmann, Frauke Stolzmann, Hartmut Stolzmann, Helga Talmon l'Armée, Irina und Andreas Talmon l'Armée, Kathrin Ullrich, Jutta Ungemach, Annette Wannemacher-Saal, Lieselotte Wannemacher, Stefanie Warmuth, Jutta Weber-Karn, Ariane Winterfeldt, Yen.

300S., geb., ISBN: 978-3-940392-23-7, **23,50 €**

178 S., geb., ISBN: 978-3-940392-08-4, **23,50 €**

Gesund Schlemmen
Virgin Coconut Oil (VCO) - Natives Kokosöl in der Naturküche

Romy Häckelmann

Natives Kokosöl ist ein altes Geheimnis fernöstlicher Küchentradition

Alles Wissenswerte über dieses erstaunliche Öl, warum es für eine gesundheits- und figurbewusste Ernährung so wertvoll ist, wie man es anwendet und zu köstlichen Gerichten verarbeitet, erfahren Sie in diesem Buch von Romy Häckelmann, die die Produktc aus der Kokosnuss für Sie entdeckt und kulinarisch aufbereitet hat.

Rund 240 leicht nachvollziehbare Rezeptanleitungen, ergänzt durch viele hilfreiche Hinweise, Tipps und weiterführende Informationen zur Wirkungsweise der Bestandteile auf den Organismus.

Vollwerternährung nach Edgar Cayce

Barbara und Stefanie Piel

Immer wieder wies Edgar Cayce auf die Einheit von Körper, Seele und Geist hin. Ein wesentlicher Aspekt dieser Einheit ist eine gesunde Ernährungsweise, denn eine falsche Ernährung ist laut Cayce eine der Hauptursachen für Erkrankungen.

Dabei ist es manchmal sinnvoll, die Ernährung nach und nach umzustellen. Wer beginnt, sich mit gesunden Lebensmitteln wohler zu fühlen, der wird schon bald nicht mehr darauf verzichten wollen.

Dieses Buch bietet Ihnen eine bunte Mischung an Rezepten für die verschiedensten Bedürfnisse. Rezepte für Vegetarier und Veganer, aber auch Fleisch- und Fischgerichte. Auch Naschkatzen kommen nicht zu kurz. Viel Spass beim Ausprobieren der Rezepte aus dem einzigen Cayce-Kochbuch.